O. 1654.

LA
MORALE
DE
CONFUCIUS,
PHILOSOPHE
DE
LA CHINE.

VITA SINE LITE-
RIS MORS EST.

A AMSTERDAM,
Chez PIERRE SAVOURET,
dans le Kalver-ſtraat.

M. DC. LXXXVIII.

AVERTISSEMENT.

L'Ouvrage qu'on donne au public, & où est contenuë, en abregé, toute la Morale de Confucius Philosophe Chinois, est assez petit, si l'on regarde le nombre des pages qui le composent ; mais il est fort grand, sans doute, si l'on considére l'importance des choses qui y sont renfermées.

On peut dire que la Morale de ce Philosophe est infiniment sublime, mais qu'elle est, en même tems, simple, sensible, & puisée dans les plus pures sources de la raison naturelle. Assûrement, jamais la raison destituée des lumieres de la révélation divine, n'a paru si dévelopée, ni avec tant de force. Comme il n'y a aucun devoir dont Confucius ne parle ; il n'y en a aucun qu'il outre. Il pousse bien sa morale ; mais il ne la pousse pas plus loin qu'il ne faut : son jugement luy faisant connoître toûjours

* 2   jus-

AVERTISSEMENT.

jusqu'où il faut aller , & où il faut s'arrêter.

En quoy il a un avantage tres-considérable , non seulement sur un grand nombre d'Ecrivains du Paganisme , qui ont traité de semblables matiéres , mais aussi sur plusieurs Auteurs Chrétiens , qui ont tant de pensées fausses , ou trop subtiles ; qui outrent les devoirs presque par tout ; qui s'abandonnent à la fougue de leur imagination , ou à leur mauvaise humeur ; qui s'éloignent presque toujours de ce juste milieu où la vertu doit étre placée , qui la rendent , par les faux portraits qu'ils en font , impossible à pràtiquer , & qui par-consequent ne rendent pas beaucoup de gens vertueux.

L'Auteur de *la maniére de bien penser dans les Ouvrages d'esprit* , qui joint toûjours , à un style extrêmement exact & poli , un discernement exquis , remarque fort bien qu'il y a du faux & du foible dans ces paroles d'un Ecrivain de ce tems ; Chacun tâche d'oc-

,, cu-

AVERTISSEMENT.

„cuper le plus de place qu'il peut dans
„fon imagination , & l'on ne fe pouffe
„& ne s'agrandit dans le monde, que
„pour augmenter l'idée que chacun fe
„forme de foi-même. Voilà le but de
„tous les deffeins ambitieux des hom-
„mes. Alexandre & Cefar n'ont point
„eu d'autre vûe dans toutes leurs ba-
„tailles, que celle-là.

En effet, Aléxandre & Cefar , dans
leurs batailles, peuvent n'avoir pas fon-
gé feulement à leur image intérieure, &
quand même la penfée , dont il s'agit,
feroit vraye en quelque rencontre, elle
ne peut l'être dans l'étenduë qu'on luy
donne. Il n'y a donc rien de plus mal
penfé que ce que dit celui qui a compofé, le premier traité des Effays de morale, & dont l'on vient de voir les paroles.

Ce que l'Auteur de ces Effais ajoûte d'abord, & que celui qui a compofé les beaux Dialogues dont on
vient de faire mention, n'a pas voulu prendre la peine de relever , eft
à peu prés de ce caractere ;

c'eft

c'eſt même quelque choſe de pis, on
n'a qu'a y faire tant ſoit peu attention. ,,Je m'imagine, dit-il, que ce-
,,lui qui s'eſt le premier appellé, *Haut*
,,*& Puiſſant Seigneur*, ſe regardoit
,,comme éléve ſur la tête de ſes vaſſaux,
,,& que c'eſt ce qu'il a voulu dire par
,,cét epithete de *haut*, ſi peu convenable
,,à la baſſeſſe des hommes.

Que ſignifie tout ceci! Ou plûtôt,
comment oſe-t-on avancer, d'un air ſe-
rieux & grave, des choſes de cette nature? Qu'entend-on par ces paroles, *je*
m'imagine que celuy qui s'eſt le premier
appellé, haut & puiſſant Seigneur, *ſe*
regardoit comme élévé ſur la tête de ſes
vaſſaux? Ces paroles, ne peuvent avoir
que deux ſens; l'un eſt le propre, l'autre le figure. Le ſens propre eſt, que
ce Seigneur s'imaginoit que ſes pieds
étoyent ſur la tête de ſes vaſſaux, qu'il
marchoit ſur leur tête effectivement,
ou plus haut encore, & que pour les
voir & leur commander, il faloit qu'il
regardât en bas. Le ſens figure eſt, que
ce Seigneur ſe croyoit élévé en auto-

rité fur fes vaffaux, & que fon rang &
fon pouvoir étoient beaucoup plus confidérables que le leur. Il eft vifible,
qu'à moins que ce Seigneur n'eut perdu l'efprit, il ne pouvoit s'imaginer ce
que le premier fens fignifie : & pour
le fecond, qui eft le figuré, il eft tres-
vray ; ce Seigneur avoit raifon de *fe
regarder comme élevé fur fes vaffaux*, il
étoit en droit de prendre des tîtres qui
marquaffent fon autorité & fa puiffan-
ce, & il ne faifoit que ce qu'ont fait,
de tout tems, ceux que Dieu a établis
pour commander aux autres. Dieu
luy-méme, dans fes Ecritures, les appelle *Dieux*, qui eft bien plus que
Hauts & Puiffants Seigneurs. Ainfi, ces autres paroles, *cet epithete de
haut fi peu convenable à la baffeffe des
hommes*, ne font pas plus fenfées que les
précédentes.

Ces endroits, qu'on vient de voir, ne
font pas les feuls de ce caractere qui
fe trouvent dans les Effays de morale. Il y en a une infinité d'autres
femblables. Et, pour ne pas fortir du

* 4   pre-

AVERTISSEMENT.

premier traité , en confcience ceux-ci
font-ils folides?

  ,, Quand les hommes y auroient fait
,, de grands progrez , (*l'Auteur parle*
,, *de la Science des chofes*) ils ne s'en
,, devroient gueres plus eftimer ; puis
,, que ces connoiffances fteriles font fi
,, peu capables de leur apporter quel-
,, que fruit & quelque contentement
,, folide , qu'on eft tout auffi heu-
,, reux en y renonçant d'abord, qu'en
,, les portant par de longs travaux , au
,, plus haut point où l'on puiffe les por-
,, ter.

  ,, Nous ne fommes capables de con-
,, noître qu'un feul objet & une feule
,, verité à la fois. Le refte demeure
,, enfeveli dans nôtre mémoire, com-
,, me s'il n'y étoit point. Voilà donc
,, nôtre fcience reduite à un feul ob-
,, jet.

  ,, Qui eft-ce qui n'eft pas con-
vain-

(a) *Chap.* 7. (b) *Chap.* 8,

„ vaincu que c'eſt une baſſeſſe de ſe
„ croire digne d'eſtime , parce qu'on
„ eſt bien vêtu , qu'on eſt bien à che-
„ val , qu'on eſt juſte à placer une
„ balle , qu'on marche de bonne gra-
„ ce ?

Quoi ! les ſciences & les belles
découvertes ne rendent - elles pas
plus heureux , plus content , &
plus honnête homme , lors qu'on en
ſçait faire un bon uſage ? Ne ſçait-
on pas même qu'il y a beaucoup de
Théologiens, qui croient qu'une des
choſes qui feront la félicité des Saints
dans le Ciel , ſera une grande connoiſſance d'une infinité de véritez
qui nous ſont inconnuës , ou peu
connuës , ſur la Terre ? eſt-ce que
parce que nôtre eſprit ne peut
bien penſer , tout à la fois ,
qu'à un ſeul objet , il s'enſuit de
là, que tout le ſçavoir d'un habile homme eſt borné à ce ſeul objet , qu'il ne ſçait autre choſe ;

* 5   qu'on

(a) Ch. 14.

qu'on peut dire d'un ton de Maître : *Voilà donc nôtre fcience reduite à un feul objet* ? Enfin, eft-ce une baffeffe à un cavalier, à un homme de Cour, de croire qu'il fera plus digne d'eftime, s'il fait bien ce qui convient à fon rang, fi, entre autres chofes, il eft vêtu proprement, s'il eft bien à cheval, s'il marche de bonne grace? Et ne feroit-il pas effectivement digne de mépris, n'y auroit-il pas de la baffeffe, s'il avoit des habillemens malpropres, s'il ne prénoit nulle peine & nul foin pour être bien à cheval, s'il ne fe piquoit d'aucune addreffe, ou s'il marchoit comme un Payfan?

On peut affûrer, que dans cét Abrégé de la morale de Confucius, on ne trouvera rien de femblable à ce qu'on vient de voir. On verra ici des Effays de morale, qui font des coups de Maître. Tout y eft folide ; parce que la droite raifon, cette vérité intérieure, qui eft dans l'ame de

tous

AVERTISSEMENT.

tous les hommes, & que nôtre Philofophe confultoit fans cefle, fans préjugé, conduifoit toutes fes paroles. Auffi les régles qu'il donne, & les devoirs auquels il exhorte, font tels, qu'il n'y a perfonne qui ne fe fente d'abord porté à y donner fon approbation. Il n'y a rien de faux dans fes raifonnemens, rien d'extrême, nulle de ces fubtilitez épouvantables, qu'on voit dans les traittez de morale de la plûpart des Metaphyficiens d'aujourd'hui (a) c'eft-à-dire, dans des traittez où la fimplicité, la clarté, l'évidence devroient regner par tout, & fe faire fentir aux efprits les plus groffiers.

On trouvera, peut-être, un peu rélachée cette maxime, où Confucius dit qu'il y a certaines perfonnes qu'il eft permis de haïr. Cependant, fi l'on confidére la chofe de prés, l'on reconnoî-

_____

(a) *Voyez le traitté de morale de l'Auteur de la Recherche de la Vérité.*

noîtra que la penfée eft jufte & rai-
fonnable. En effet, la vertu veut que
l'on faffe du bien à tous les hommes,
comme Confucius le pofe ; mais elle
n'exige pas que nous ayons effectivement de l'amitié pour toutes fortes de
gens. Il y a certaines gens fi haïffables,
qu'il eft abfolument impoffible de les
aimer : car aprés tout, on ne peut aimer
que le bien ; on ne peut qu'avoir de
l'averfion, pour ce qui paroit extrêmement mauvais & plein de défauts. Tout
ce que la charité oblige de faire, en ces
fortes de rencontres, c'eft de rendre office à une perfonne, lors qu'on
le peut, comme fi on l'aimoit, nonob-
ftant les vices, la malice, & les grands
defauts qu'on remarque en elle.

Puifque l'occafion s'en préfente, on
remarquera, qu'ordinairement on outre le devoir de l'amour des ennemis,
que Jefus - Chrift recommande tant
dans fon Evangile. Ce devoir eft
affez difficile à remplir dans fa jufte
étenduë, fans qu'on le rende encore

AVERTISSEMENT.

re plus difficile , ou plutôt impoſſible à prâtiquer , & capable de jetter dans le deſeſpoir , ou de faire tomber dans un entier relâchement. La plûpart de ceux qui expliquent ce devoir , parlent comme ſi nous étions obligez d'avoir dans le cœur une amitié tendre pour tous nos ennemis, quelques méchans & abominables qu'ils ſoient. Ce n'eſt pourtant point cela préciſément que le Fils de Dieu demande de nous , parce qu'il ne demande point des choſes abſolument impoſſibles. Son but eſt de nous porter à agir envers tous nos ennemis , quels qu'ils ſoient , comme l'on fait envers ceux que l'on aime. En effet , l'Ecriture , en pluſieurs endroits , par *aimer* entend préciſément *faire du bien* , à peu prés comme l'on en fait à ceux pour qui l'on a beaucoup d'amitié. Si c'en étoit ici le lieu , nous pourrions vérifier cela par pluſieurs Paſſages. Nous nous contenterons ſeu-

AVERTISSEMENT.

feulement d'alleguer l'Exemple de Dieu luy-même, que nôtre Sauveur propofe. Car, aprez avoir dit, *Aimez vos ennemis ; beniffez ceux qui vous maudiffent ; faites du bien à ceux qui vous haïffent, & priez pour ceux qui vous courent fus, & qui vous perfécutent :* (car ce font tout autant de Synonimes) il ajoûte ; *afin que vous foyez enfans de vôtre Pére qui eft aux Cieux: car il fait léver fon foleil fur les méchans & fur les bons, & il envite fa pluïe fur les juftes & fur les injuftes.* Or, il eft certain que Dieu n'aime point les méchans & les injuftes, quoiqu'il leur faffe du bien : il a eu une extrème averfion, pour un Caligula, par exemple, pour un Neron, & pour d'autres femblables monftres ; quoiqu'il ait fait lever fon foleil fur eux, & qu'il leur ait envoïé fa pluïe. Mais il a agi envers eux comme s'il les aimoit : & c'eft auffi de la forte que nous

en

(a) *Matt.* 5: 44, 45.

en devons ufer envers nos ennemis.
Ce n'eſt pas que nous ne devions faire ſincérement, tout ce qui eſt poſſible pour avoir même dans le cœur
des ſentimens d'amitié pour eux : mais
il y a certaines gens ſi mechans, ſi dé-
reglez, ſi abominables, pour qui il eſt
impoſſible d'avoir ces ſentimens. Et
c'eſt pour cela que la charité eſt encore plus grande, plus généreuſe, &
plus digne de loüange, lors que, non-
obſtant cette averſion qu'on ne peut
pas s'empêcher d'avoir pour certaines
perſonnes, l'on ne laiſſe pas de leur faire du bien dans l'occaſion, dans la veuë
d'obéir à Dieu.

Au reſte, par tout ce que nous avons
dit juſques ici, on peut juger combien
le public eſt redevable aux P. P. Incor-
cetta & Couplet, Jeſuites qui ont traduit, de Chinois en Latin, les trois
livres de Confucius, dont nous avons
tiré cette piéce de morale qu'on voit
paroître. Nous avons choiſi les choſes

le

les plus importantes ; & en avons laiffé plufieurs qui , quoy-que bonnes
en elles-mêmes, & conformes fur tout
au genie des perfonnes pour qui elles
ont été dites & écrites , auroient
femblé, peut-être, trop vulgaires &
de peu de confidération dans nôtre
Europe. Et comme dans l'Ouvrage
des PP. Intorcetta & Couplet, outre
la morale de Confucius , il eft parlé
de l'Origine de la nation Chinoife, &
des livres les plus anciens qu'ait cette
Nation, & qui ont paru, plufieurs fié-
cles avant celui de Confucius, nous
avons traduit, fur ce fujet, ce qu'il eft
le plus néceffaire de fçavoir.

Il eft bon de dire ici, pour la fatis-
faction des Lecteurs, que les Chinois,
depuis le commencement de leur Origine, jufques au tems de Confucius , n'ont
point été Idolâtres , qu'ils n'ont eu ni
faux Dieux , ni ftatuës , qu'ils n'ont
adoré que le Créateur de l'Univers ,
qu'ils ont toûjours appellé *Xam-ti*, &
auquel leur troifiéme Empereur, nommé
Hoam-

AVERTISSEMENT.

Hoam-ti, bâtit un Temple, qui apparemment a été le premier qu'on ait bâti à Dieu. Le nom de *Xam-ti*, qu'ils donnoient à Dieu, fignifie, *Souverain Maître*, ou *Empereur*. On remarque qu'il y a bien eu des Empereurs de la Chine, qui ont pris, affez fouvent, le furnom de *Ti*, qui veut dire *Maître, Empereur*, ou celui de *Vàm*, qui fignifie Roy ; qu'il y a eu même un Prince de la quatriéme race qui s'eft fait appeller *Xi hoam ti*, *le Grand* ou *l'Augufte Empereur* ; mais qu'il ne s'en eft trouvé aucun qui ait ofé prendre le tître de *Xam*, c'eft-à-dire de *Souverain*, & qu'on l'a toûjours laiffé, par refpect, à l'Arbitre abfolu de l'Univers.

Il eft vrai, qu'on a en tout tems, dans la Chine, offert des Sacrifices à divers Anges tutelaires : mais dans les tems qui ont précédé Confucius, c'étoit dans la vûe de les honorer infiniment moins que *Xam-ti*, que

* *

le

AVERTISSEMENT.

le Souverain Maître du Monde.

Les Chinois servoyent Dieu avec
beaucoup de magnificence, mais en
même tems avec un exterieur fort mo-
deste & fort humble; & ils disoient
que tout ce culte exterieur n'étoit nul-
lement agréable à la Divinité, si l'ame
n'étoit intérieurement ornée de piété
& de vertu. Ils honoroient fort leur
Peres & leur Meres, & les personnes
avancées en âge. Les femmes étoient
fort vertueuses; & l'on remarquoit u-
ne grande modestie dans leurs habits &
dans toutes leurs maniéres. Les hommes & les femmes, les Grands & les
petits, les Roys & les Sujets, ai-
moient fort la sobrieté, la frugalité, la modération, la justice, la vertu.

La Religion & la piété des Chinois
demeurerent, à peu prés, en cét état
jusqués au tems du Philosophe *Li Lao
Kiun*, qui fut contemporain de Con-
fu-

fucius, & qui enseigna le premier qu'il
y avoit plusieurs Dieux. Confucius ar-
rêta le torrent de la superstition & de
l'idolatrie, qui commençoit à faire du
ravage. Mais enfin, lors qu'on eut
apporté des Indes l'Idole de *Foe*, c'est-
à-dire, soixante-cinq ans aprez Jesus-
Christ, ce torrent se deborda si fort,
qu'il fît un ravage, dont les tri-
stes effets se voyent encore aujourd'.
hui.

Il auroit été à souhaiter qu'il se fût
élévé, de tems en tems, des Confucius: les choses n'en seroient pas au
point où elles sont dans la Chine. Ce
grand homme instruisoit aussi bien par
ses mœurs & par son exemple, que
par ses préceptes : & ses préceptes é-
toient si justes, si nécessaires, & propo-
sez avec tant de gravité, & en même tems avec tant de douceur &
avec tant d'adresse, qu'ils ne pouvoient que s'insinüer aisement dans
les cœurs, & y produire de grands

AVERTISSEMENT.

effets. On n'a qu'à lire ce petit traitte' pour en être entiérement con-vaincu.

L A

LA MORALE
DE CONFUCIUS
Philosophe Chinois

PREMIERE PARTIE
De l'Antiquité & de la Philosophie des Chinois.

Uoi-que dans ce petit Ouvrage nous n'ayons deſſein que de rapporter ce qu'il y a de plus conſidérable dans les livres de Confucius, nous ſommes pourtant obligez de parler de quelques livres qui ont paru dans la Chine avant ce Philoſophe. Mais comme nous ne ſçaurions le faire ſans prendre la choſe d'un peu haut, nous dirons un mot de l'Origine & de l'ancienneté des Chinois·

Ceux qui ont écrit les Annales de la Chine demeurent preſque tous d'accord que *Fohi* qui commença à regner, 2952. ans avant la naiſſance de Jeſus Chriſt, a été le fondateur de cette Monarchie. Les Chinois qui ont interpreté ces Annales ne font pas difficulté d'avoüer que tout ce qui eſt dit de la Chine, avant le regne de cét Empereur, eſt fabuleux & ſuſpect de menſonge : & l'un de leurs plus-célebres Hi-

ſto-

ſtoriens, appellé *Taiſucum*, avoüe même qu'il
ignore tout ce qui s'eſt paſſé avant le regne de
Xinnum qui a été le Succeſſeur de *Fohi*.　Il n'y
a que certaines Annales que les Chinois appel-
lent *les grandes Annales*, où on lit la choſe au-
trément. L'Auteur de cette prodigieuſe Chro-
nique qui contient preſque cent cinquante volumes, rapporte qu'aprés la Creation du Monde,
il y eut trois Empereurs; l'un du Ciel, l'autre
de la terre, & le troiſiéme des hommes; que
les Deſcendans de ce dernier ſe ſuccederent les
uns aux autres pendant l'eſpace de plus de qua-
rante-neuf mille ans : aprés quoi trente-cinq familles Imperialles regnerent ſans interruption
durant pluſieurs ſiécles.　Cét Auteur ajoûte
pourtant, qu'il ne garantit pas ce qu'il dit, &
convient enfin que le plus ſûr eſt de commencer par Fohi, & de ſuivre en cela les Hiſtoriens
les plus célebres.

Ce n'eſt pas que dans la vie de *Fohi* on n'ait
inſeré une infinité de fables qui pourroient faire douter d'abord ſi cét Empereur a jamais été.
Car outre qu'on lit dans *les grandes Annales*,
que la mére de *Fohi* ayant mis les piés par ha-
ſard dans un endroit où un Geant avoit paſſé,
elle fut tout à coup environnée d'un Arc-en-
Ciel, & que ce fut dans ce moment-là, qu'elle
ſe trouva enceinte du fondateur de la Monarchie Chinoiſe : On y voit encore que ce fondateur avoit la téte d'un homme, & le corps
d'un

d'un serpent. Il est vrai que comme ces fables
font groffieres, la plûpart des Chinois s'en mo-
quent. Ils difent que ce qui a donné lieu à
cette tradition ridicule, a été la couleur du corps
de *Fohi*, qui étoit marqué de plufieurs tâches;
ou plûtôt, que ça été un Hieroglife, par lequel on avoit voulu repréfenter que ce Prince
avoit été un Prince d'une prudence extraordinaire. Mais quand nous n'aurions pas cét aveu,
la Généalogie de ce Roi eft fi exacte, fi circon-
ftanciée, & fi bien fuivie dans les tables Chro-
nologiques des Chinois, qu'il n'eft pas poffible de s'imaginer que ce ne foit là qu'un jeu
d'efprit: fi bien qu'il y auroit auffi peu de raifon de nier, ou de douter même que *Fohi* ait
jamais été, que de foûtenir que Saturne, Ju-
piter, Hercule & Romulus ne font que des
noms, fous ombre que les Poëtes & même les
Hiftoriens les plus graves, ont mêlé l'hiftoire
de leur naiffance de mille fables impertinen-
tes.

Cependant, ces mêmes Annales, qui content tant de fables à l'occafion de la naiffance de
Fohi, ne difent rien de fes prédéceffeurs, & ne
parlent que fort imparfaitement de fa Patrie; ce
qui fait foupçonner d'abord qu'il n'étoit pas
né dans la Chine, & qu'il y étoit venu d'ailleurs. Elles marquent feulement, qu'il nâ-
quit dans une Province appellée *Kenfi*, où effectivement il devoit néceffairement aborder,

fup

fuppofé qu'il foit venu d'ailleurs dans la Chine : Car aprés la confufion des langues, & la
difperfion des peuples, il dût venir du côté de
la Mefopotamie, ou du territoire de Sennaar,
aborder à *Kenfi*, & parvenir en fuite au cœur
du païs, fçavoir dans la Province de *Honan* où
l'on trouve écrit qu'il établit fa Cour.

Quoi-qu'on ne puiffe pas fçavoir précifement
en quel tems *Fohi* jetta les premiers fondemens
de fon Empire, il y a pourtant beaucoup d'apparence que ce ne fût pas long-tems aprés le
Déluge : Car en effet, fi l'on fuit même à la ri-
gueur, les fupputations des Chinois, & la Chro-
nologie des 70. ce ne fut qu'environ 200. ans
aprés, dans un tems auquel Noé vivoit encore.
De forte que nous croirions volontiers qu'il eft
defcendu de ce Patriarche par Sem, qui felon le
fentiment de tout le monde, eût l'Afie pour fon
partage. Et ce qui acheve de nous confirmer
dans nôtre penfée, c'eft que dans la langue des
Chinois, *Sem*, qui fignifie engendrer & produire, fignifie auffi la vie & une victime. En
effet, c'eft des enfans de Noé, que tous les hommes aprés le Déluge font defcendus, ont reçû la vie, & ont apris à offrir des victimes à la
Divinité. A quoy l'on peut ajoûter que *Fohi* eft
appellé par les Chinois *Paohi*, qui fignifie auffi
une victime, parce que ce fût le premier des
Defcendans de *Sem* qui introduifit parmi eux le
fervice de Dieu & l'ufage des Sacrifices.

Que

Que si l'on ne veut pas s'en tenir aux supputations dont nous venons de parler, retranchons, si l'on veut, les six premiers Empereurs, dont l'histoire pourroit n'être pas vraye en tout, & commençons à conter seulement depuis le septiéme, sçavoir depuis l'Empereur *Yao*. Car depuis le regne de cét *Empereur*, tant de gens ont conté & écrit par Cycles, tout ce qui s'est passé dans ce Royaume, & ils l'ont fait avec tant d'exactitude, & une si générale uniformité, qu'on ne peut non plus douter de l'exactitude de leur calcul, que de celle des Olympiades des Grecs. Or on trouvera encore, selon cette supputation, que l'origine de la nation Chinoise n'est pas fort éloignée du Déluge ; car depuis le tems *d'Yao*, jusqu'à l'année de ce siécle 1688. il y a quatre mille quarante huit ans.

Cela étant ainsi, il faut nécessairement que ceux qui ont commencé à habiter la Chine eussent encore la connoissance du vrai Dieu, & de la Création du Monde ; Car l'idée du vrai Dieu, & le souvenir de la Création du Monde ont subsisté long-tems aprés le Déluge, dans l'esprit des hommes, même de ceux qui s'étoient le plus corrompus, comme les Descendans de Cham, par exemple. En-effet, outre qu'il est parlé de la Création du Monde dans les Annales des Chinois, quoi-que d'une maniére differente de l'histoire qu'en fait Moyse, il n'étoit pas possible que ces idées du vrai Dieu, que la Créa-

A 3 tion

tion du monde, & en fuite le Déluge, ne pouvoient qu'avoir gravées profondément dans
leurs cœurs, euffent été tout d'un coup effa-
cées de telle forte, qu'ils fuffent tombez dans l'i-
dolatrie, & euffent fervi d'autres Dieux que celuy qui les avoit créez. Mais pour être mieux per-
füadez de tout ce que nous venons de dire, il n'y
à qu'à confidérer la doctrine, les fentimens &
les mœurs des anciens Chinois, les livres de
leurs Philofophes & fur tout ceux de Confucius.
Certainement on y verra par tout la plus belle
Morale qui ait été jamais enfeignée, une Morale qu'on diroit être fortie de l'Ecole de Jefus-
Chrift.

Les livres que les anciens Chinois ont écrit,
font en fort grand nombre, mais les principaux font ceux qu'on appelle *U Kim*, c'eft à
dire les cinq volumes; & ceux qu'on nomme *Su
Xu*, c'eft à dire les quatre livres.

Le premier & le principal des cinq volumes
eft appellé *Xu Kin*. Il n'eft pas néceffaire de parler fort au long de l'ancienneté de cét Ouvrage; il fuffit de dire qu'en le lifant on reconnoit, que celui qui en eft l'Auteur, a écrit long-
tems avant Moyfe. On y void d'abord l'hiftoire de trois grands Rois, fçavoir *d'Yao*, de
Xun, & *d'Yu*, le dernier desquels a été le premier & le Chef de la famille *d'Hia*, la plus
confidérable de toutes les familles Imperiales;
& les deux autres ont été de célebres Legifla-
teurs

teurs & comme les Solons de la Chine. On y
trouve enfuite les Conftitutions les plus importantes qui furent faites durant le regne de la fe-
conde famille, ou de la Maifon Iupériale, ap-
pelée *Xam* & *Yn*, fur-tout par *Chimtam* qui en
fût le fondateur, & qui parvint à l'Empire
1776. ans avant la venüe de Jefus-Chrift. Enfin, on y parle de la troifiéme famille, on y
rapporte principalement ce qui a été dit, ou
ce qui a été fait de remarquable, fous le gouver-
nement des cinq premiers Princes, & du dou-
ziéme. On y void l'hiftoire de *Vuvam* qui fût le
chef de cette troifiéme famille, & les veilles &
les enfeignemens du célebre *Cheucum*, frére de
cét Empereur, qui fût un Prince diftingué, & par
fa vertu & par une prudence extraordinaire.
Tout ce volume, pour le dire en un mot, n'eft
qu'une Relation hiftorique, & qu'un tiffu de
maximes morales, de harangues prononcées par
des Princes, de fentences forties de la bouche
de Rois, & de perfonnes, particuliéres, de préceptes & de confeils donnez à des Princes, où
l'on void éclater par tout tant de prudence,
tant de politique, tant de fageffe & tant de Religion, qu'ils pourroient être donnez à tous les
Princes Chrêtiens.

Le fecond volume, qui eft proprément un re-
cit des mœurs & des Ordonnances de prefque
douze Regnes, eft appellé *Xi Kim*. C'eft un re-
cüeil d'Odes & de plufieurs autres petits Poë-

mes

mes de cette nature : car, comme la Mufique
eft fort eftimée & fort en ufage dans la Chine,
& que tout ce qu'on dit dans ce Volume ne regarde que la pureté des mœurs, & la prâtique
de la vertu, ceux qui le compofércnt le com-
poférent en vers, afin que chacun pouvant
chanter les chofes qui y font contenuës, elles
fuffent dans la bouche de tout le monde.   La
vertu y eft loüée & exaltée au fupréme degré,
& il y a tant de chofes dites d'une maniére fi
grave & fi fage, qu'on ne fe laffe jamais de les
admirer. Il eft bien vrai qu'il y a de chofes ridi-
cules, des hyperboles extravagantes en faveur
de certains Princes, des murmures contre le
Ciel & contre Dieu : mais les plus judicieux
Interpretes croyent que tout cela eft fufpect ;
que ceux à qui on l'attribue n'en font pas les
Auteurs ; qu'il n'y faut point ajouter foi ; que
ce font des chofes qu'on y a ajoûtées. En-effèt,
difent-ils, les autres Odes anciennes n'ont rien
de ridicule, d'extravagant, de criminel, ainfi
qu'il paroit par ces paroles de Confucius,
Toute la doctrine des trois cens Poëmes, fe reduit
à ce peu de paroles, Su vu Sie, qui fignifient,
qu'il ne faut penfer rien de méchant ou de fale.
On appelle le troifiéme Volume. *Ye Kim.*
Dans ce Volume, qui eft le plus ancien de tous,
fi toutefois il peut être appellé un Volume, on
ne void qu'obfcurité & tenebres. *Fohi* n'eut pas
plûtôt fondé fon Empire, qu'il voulût donner des
in-

Inſtructions aux Chinois; mais comme il n'avoit pas l'uſage des caracteres & de l'écriture, ce Prince qui ne pouvoit pas les enſeigner tous de vive voix, & qui d'ailleurs étoit occupé de l'a-grandiſſement de ſa Monarchie naiſſante, aprés avoir rêvé long-tems, s'aviſa enfin de faire une table compoſée de quelques petites lignes qu'il n'eſt pas neceſſaire de décrire. Comme les Chinois étoient encore groſſiers & ruſtiques, il y a grande apparence que ce Prince travailla en vain : & s'il eſt vrai qu'il vint à ſon but, par les explications claires & aiſées qu'il donna lui même pour l'intelligence de ces lignes, il arri-va, au moins inſenſiblement, que cette table ne fût de nul uſage : Car il eſt conſtant qu'aprés ſa mort perſonne ne s'en pût ſervir. Prés de deux mille ans s'étoient déja écoulez depuis la fon-dation de la Monarchie, ſans qu'on eut pû dé-chifrer en aucune maniére cette table myſte-rieuſe, lors qu'on vid paroître enfin un ædipe : ce fut un Prince appellé *Venvam.* Ce Prince tâcha de pénetrer le ſens de ces lignes par un grand nombre d'autres lignes qu'il diſpoſa en différentes maniéres; ce furent de nouvelles enigmes. Son fils, ſçavoir *Cheucum*, entre-prit la même choſe; mais il n'eut pas le bon-heur de mieux réüſſir. Enfin, cinq cens ans aprés s'éleva Confucius qui voulut tâcher de délier le nœud. Il expliqua, comme il l'en-tendit, les petites lignes du fondateur, & les

A 5   in-

interpretations qu'on en avoit données avant
lui, & rapporta tout à la nature des Etres &
des Elemens : aux mœurs & à la discipline des
hommes. Il est vrai que Confucius étant parvenu à un âge plus avancé, reconnût qu'il s'é-
toit mépris, & il désiroit même faire de nouveaux Commentaires sur cet ouvrage énigma-
tique ; mais la mort l'empécha d'executer sa
résolution.

Confucius a donné pour titre au quatriéme
Volume, *Chun Cieu* ; paroles qui signifient *le
Printems & l'Automne*. Il le composa dans sa
vieillesse. Il y parle en Historien des expe-
ditions de divers Princes ; de leurs vices, de
leurs vertus, des peines qu'ils ont subies, des
récompenses qu'ils ont reçûës. Confucius a
voulu que ce quatriéme Volume eût pour titre,
le Printems & l'Automne, qui est un titre em-
blematique, parce que les Etats sont florissans
lors que les Princes sont doüez de vertu & de
sagesse ; ce qui est représenté par le *Printems* ;
Et qu'au contraire, ils tombent comme les feuil-
les, & se detruisent entiérement, lors que les
Princes ont peu d'esprit, ou qu'ils sont mechans, ce qui est représenté par *l'Automne*.

Le cinquiéme Volume, dont le titre est *Li
Ki*, comme qui diroit, *Mémoires des rites,
& des devoirs* ; est composé de deux livres, dont
dont Confucius a tiré la matiére de plusieurs
autres livres, & de divers monumens de l'anti-
qui-

quité. Mais comme environ trois cens ans
aprés, toutes les copies de cét ouvrage furent
brûlées par le commandement d'un Empereur
crüel, appellé *Xihoamti*, & qu'on ne pût reparer cette perte, qu'en confultant les hommes les plus âgez qui en pouvoient avoir confervé quelques idées, il ne faut pas douter que
l'Ouvrage ne foit préfentement fort défe-
ctueux, ainfi que le reconnoiffent les Interpretes ; qu'il n'y manque plufieurs chofes, &
qu'on n'y en ait ajoûté plufieurs autres qui n'é-
toient point dans les copies de Confucius.
Quoi qu'il en foit, dans tout ce Volume, tel
qu'il eft aujourd'hui, il eft parlé des rites, tant
facrez que prophanes ; de toutes fortes de devoirs, tels qu'on les pratiquoit au tems des trois
familles des Princes *Hia*, *Xam*, *Cheu*, mais
fur tout de celle qui regnoit du tems de Confucius. Ces devoirs font ceux des péres & des méres envers leurs enfans ; ceux des enfans envers
leurs péres & leurs méres ; les devoirs du mari
& de la femme, ceux des amis, ceux qui regardent l'hofpitalité, ceux dont il faut s'acqui-
ter, foit à la porte, ou dans la maifon, ou
dans les feftins. On y parle encore des vaif-
feaux des Sacrifices, des victimes que l'on doit
offrir au Ciel, des Temples qu'il faut choifir
pour cela, de la vénération que l'on doit avoir
pour les Morts, & de leurs funerailles. Enfin
on y traite des Arts liberaux, fur tout de la
Mu-

Mufique, de l'Art militaire, de la maniére de lancer un dard, & de conduire un Chariot. Voilà en abregé ce que contiennent les cinq Volumes.

Les quatre Livres, dont les trois premiers font les livres de Confucius dont nous avons deffein de parler, contiennent toute la Philofophie des Chinois, au moins, tout ce que cette Philofophie a de plus délicat & de plus confidérable. Ils expliquent & mettent dans un plus-beau jour ce qui eft écrit dans les cinq Volumes : & quoi que l'autorité des cinq Volumes foit infiniment plus grande, à caufe de leur antiquité, que celle des quatre Livres, les quatre Livres l'emportent néanmoins, par l'utilité qu'on en reçoit. En-effet, outre que les Chinois en tirent leurs principaux Oracles, & ce qu'ils croyent être d'éternelles véritez, les *Lettrez* qui font des Philofophes qui fuivent la Doctrine de Confucius, & qui ont entre leurs mains tous les emplois de la Nation, ne fçauroient parvenir au grade de Philofophe, & par confequent à être Mandarins ou Magiftrats, fans une grande connoiffance de ces quatre Livres. Ils font bien obligez, à la verité, de fçavoir l'un des cinq Volumes, lequel même ils peuvent choifir, felon leur inclination : mais pour les quatre Livres, ils font indifpenfablemént obligez de les fçavoir tous quatre par cœur, & de les entendre bien ; en voici les principales raifons

fons. La première est que Confucius, & Memcius qui a écrit le quatriéme livre , ont recüeilli ce qu'il y a de meilleur & de plus exquis dans les ouvrages des Anciens. La seconde est qu'ils ont ajoûté plusieurs bonnes choses aux découvertes & aux pensées de leurs Ancêtres. La troisiéme, que Confucius & Memcius proposent leur doctrine d'une maniére plus nette & plus claire qu'on n'avoit fait auparavant. Enfin , c'est parce que Confucius & Memcius ont évité, dans les quatre Livres, le Style rude & grossier des Anciens, & que par un Style poli, quoi-que sans fard & sans faste ils ont ajoûté des ornemens à la simplicité toute nüe de l'âge d'or.

Nous n'avons rien à dire du quatriéme livre , parce que cét Ouvrage de Memcius n'a pas encore paru en Europe : mais avant que de parler de ceux de Confucius, il est necessaire de faire connoître le mérite de ce Philosophe, & ce qui s'est passé de plus remarquable dans sa vie.

Confucius naquit, 551, an avant la venüe de Jesus-Christ. Il étoit d'une extraction tres-noble ; car, sans parler de sa mere, qui étoit d'une naissance illustre, son pere qui avoit été élevé aux premiéres charges de l'Empire, étoit descendu du dernier Empereur de la seconde famille.

Comme les dispositions à la vertu paroissent
quel-

quelquefois dans les premiéres années, Confucius, à l'âge de six ans, n'avoit rien d'enfant :
toutes ses maniéres étoient les maniéres d'un
homme meur.

Dés l'âge de quinze ans, il s'attacha à la lecture des Anciens, & ayant choisi ceux qu'on
estimoit le plus & qu'il trouva lui-même les
meilleurs, il en tira les plus-excellentes in-
structions, dans le dessein d'en profiter lui-
même le premier, d'en faire les regles de sa
conduite, & de les proposer ensuite aux autres. A l'âge de vingt ans il se maria, & eut un
fils nommé *Peyu*, qui mourût âgé de cinquante
ans. Ce fut le seul enfant qu'il eut, mais sa race
ne s'eteignit pas pourtant, il lui resta un petit-
fils appellé *Cusu* qui ne se rendit pas indigne de
ses Ancêtres. *Cusu* s'attacha à la Philosophie ;
il commenta les livres de son ayeul, il fût élevé
aux premiéres charges, & sa maison s'est si
bien soûtenüe, ses descendans ont été toûjours si considerables, & par leurs dignitez &
par leur opulence, que cette famille encore aujourd'huy est une des plus illustres familles de
la Chine.

Confucius exerça la Magistrature en divers
lieux avec beaucoup de succez, & avec une
grande réputation. Comme il n'avoit en vuë
que l'utilité publique, & la propagation de sa
doctrine, il ne cherchoit point la vaine gloire
en ces sortes d'emplois. Aussi lors-qu'il ne
par-

parvènoit pas à fon but, lors-qu'il remarquoit
qu'il s'étoit trompé dans l'efperance qu'il avoit
conçûe de pouvoir répandre plus aifément fes
lumiéres, d'un lieu élevé, il en defcendoit, il
renonçoit à la charge de Magiftrat.

Ce Philofophe eut jufqu'à trois mille Difciples, entre lefquels il y en eut cinq çens qui
remplirent les charges les plus éminentes en
divers Royaumes, & foixante douze d'une vertu & d'un fçavoir fi extraordinaires, que les
Annales ont confervé leurs noms, leurs fur-
noms, & les noms même de leur Patrie. Il di-
vifa fa Doctrine en quatre parties; fi bien que
l'Ecole de Confucius étoit compofée de quatre
ordres de Difciples. Ceux du premier ordre
s'appliquoient à cultiver la vertu, & à s'en imprimer de fortes habitudes dans l'efprit & dans
le cœur. Ceux du fecond ordre s'attachoient
à l'art du raifonnement & à celui de bien parler.
Les troifiémes faifoient leur étude de la Politique. Et le travail & l'occupation des Difciples du quatriéme ordre, étoit d'écrire d'un
ftile poli & exact, ce qui regardoit la conduite
des mœurs. Parmi ces foixante & douze Difciples, il y en eut dix qui fe diftinguerent, &
dont les noms & les Ecrits font en grande vénération.

Confucius, dans toute fa doctrine, n'avoit
pour but que de diffiper les ténébres de l'efprit,
bannir les vices, rétablir cette integrité qu'il af-
fu-

fûroit avoir été un préfent du Ciel ; & pour
parvenir plus facilement à ce but, il exhortoit
tous ceux qui écoutoient fes inftructions, à
obeir au Ciel, à le craindre, à le fervir, à aimer fon prochain comme foi-même, à fe vaincre, à foûmettre fes paffions à la raifon, à ne
faire rien, à ne dire rien, à ne penfer rien qui
lui fut contraire. Et ce qu'il y avoit de plus-
remarquable, il ne recommandoit rien aux autres, ou par écrit, ou de vive voix, qu'il ne
pratiquât premierement lui-même. Auffi fes
Difciples avoient-ils pour lui une vénération fi
extraordinaire, qu'ils ne faifoient pas quelquefois difficulté de lui rendre des honneurs,
qu'on n'avoit accoutumé de rendre qu'à ceux
qui étoient élevez fur le Trône : nous en allequerons un exemple. C'étoit une ancienne
coutume, parmi les Chinois, de placer les
lits des malades du côté du Septentrion : mais
parce que cette fituation étoit la fituation des lits
des Rois, lors-qu'un Roi vifitoit un malade,
l'on remettoit le lit du côté du Midi, & ç'eut
été une efpece de crime de ne le point faire.
Confucius a eu des Difciples qui lui ont rendu,
dans leurs maladies, un femblable hommage.
Nous n'oublierons pas ici une chofe fort remarquable que rapportent les Chinois. Ils difent que Confucius avoit couftume de dire de
tems en tems, *que l'homme faint étoit dans
l'Occident.* Quelle que fut fa penfée, il eft
                                                        cer-

certain que foixante & cinq ans aprés la naiffance de Jefus-Chrift, l'Empereur *Mimti*, pouffé
par les paroles du Philofophe, & plus encore,
comme l'on dit, par l'Image du Saint Héros
qui lui apparût en fonge, envoya deux Ambaffadeurs dans l'Occident ; pour y chercher *le
Saint & la fainte Loi* ; Mais ces Ambaffadeurs
ayant abordé à une certaine Ifle qui n'étoit pas
fort éloignée de la Mer rouge, n'ayant pas ofé
pouffer plus loin, ils s'aviferent de prendre une
certaine Idôle qu'ils y trouverent, la ftatuë
d'un Philofophe appellé *Foe Kiao* qui avoit paru dans les Indes, environ cinq cens ans avant
Confucius, & apporterent dans la Chine avec
l'Idôle de *Foe* la Doctrine qu'il avoit enfeignée.
Que leur Ambaffade eut été heureufe, fi au
lieu de cette Doctrine ils fuffent retournez dans
leur patrie avec la Doctrine falutaire de Jefus-
Chrift que S. Thomas enfeignoit pour lors dans
les Indes ! Mais cette divine lumiére n'y devoit
pas encore être portée. Depuis ce malheu-
reux tems la plufpart des Chinois ont fervi les
Idôles ; & la fuperftition & l'Idolatrie ayant fait,
tous les jours, de nouveaux progrez, ils fe font
éloignez, peu-à-peu, de la Doctrine de leur
Maître, ils ont negligé les excellentes inftructions des Anciens, & enfin, étant venus jufques à méprifer toute forte de Religion, ils font
tombez dans l'Athéifme. Auffi ne pouvoient-
ils faire autrement, en fuivant l'exécrable do-

étri-

étrine de *Foe*, car cét Impofteur enfeignoit, *que le principe & la fin de toutes chofes étoit le neant.*

Pour revenir à Confucius dont la doctrine a été fi oppofée à celle de *Foe* & de fes Sectateurs, cét illuftre Philofophe qui étoit fi néceffaire à la Patrie mourût l'an 73. de fon âge, Peu de tems avant la maladie qui le ravit aux Chinois. Il déploroit avec une grande amertume d'efprit, les defordres de fon tems; & il exprimoit fes penfées & fa douleur, par un vers qui peut être traduit de cette maniére. *O grande montagne!* il entendoit fa doctrine, *O grande montagne, qu'es-tu devénuë! Cette importante Machine a été renverfée! helas! il n'y a plus de fages, il n'y a plus de faints!* Cette réflexion l'affligea fi fort, qu'il en devint tout languiffant; & fept jours avant fa mort, fe tournant du côté de fes Difciples, aprés avoir témoigné le déplaifir qu'il avoit de voir que les Rois, dont la bonne conduite étoit fi néceffaire, & d'une fi grande conféquence, n'obfervoient pas fes inftructions & fes maximes, il ajouta douloureufement; *puis que les chofes vont de la forte, il ne me refte plus qu'à mourir.* Il n'eut pas plûtôt proferé ces paroles, qu'il tomba dans une létargie, qui ne finît que par la mort.

Confucius fut enfeveli dans fa Patrie, dans le Royaume de *Lu*, où il s'étoit retiré avec fes
plus

plus chers Disciples. On choisit pour son sé-
pulchre un endroit qui est proche de la ville de
Kiofeu au bord du fleuve *Su*, dans cette même
Académie où il avoit coutume d'enseigner, &
que l'on voit encore aujourd'huy toute entou-
rée de murailles, comme une ville considera-
ble.

On ne sçauroit exprimer l'affliction que cau-
sa la mort de ce Philosophe à ses Disciples. Ils
le pleurerent amérement; ils prirent des habits lugubres, & furent dans un si grand ennui,
qu'ils negligeoient le soin de leur nourriture &
de leur vie. Jamais bon pére n'a été plus re-
greté, par des enfans bien nés & bien élevez, que
Confucius le fut par ses Disciples. Ils furent
tous dans le deüil & dans les larmes, un an entier: il y en eut qui le furent durant trois ans :
& même il s'en trouva un qui pénétré plus vi-
vement que les autres de la pérte qu'ils avoient
faite, ne bougea, de six ans, de l'endroit où
son Maître avoir été enseveli.

On voit, dans toutes les Villes, des Colléges
magnifiques qu'on a bâtis en l'honneur de Confucius, avec ces Inscriptions & d'autres semblables, écrites en gros caractéres & en caractéres
d'or. *Au grand Maître. A l'illustre Roi des Lettrez. Au Saint.* Ou, ce qui est la même chose chez
les Chinois, *A celui qui a été doüé d'une sagesse
extraordinaire.* Et quoi-qu'il y ait deux mille
ans que ce Philosophe n'est plus, on a une si

gran-

grande vénération pour fa memoire, que les
Magiftrats ne paffent jamais devant ces Colléges, qu'ils ne faffent arrêter les Chaifes fuperbes où ils font portez par diftinction.   Ils
en defcendent, & aprez s'être profternez quel-
qùes momens, ils continuent leur chemin en
faifant quelques pas à pié.   Il n'y a pas même
jufqu'aux Rois & aux Empereurs qui ne fe faffent honneur quelquefois, de vifiter eux-mêmes ces Edifices où font gravez les titres de ce
Philofophe, & de le faire même d'une maniére éclatante. Voici des paroles fort remarqua-
bles de l'Empereur *Yumlo* qui a été le troifiéme Empereur de la précédente famille appellée
Mim.   Il les prononça un jour qu'il fe difpo-
foit à aller à un de ces Colléges dont nous a-
vons déja parlé.   *Je vénére le Précepteur des*
Rois & des Empereurs.   Les Empereurs & les
Rois font les Seigneurs & les Maîtres des peu-
ples; mais Confucius a propofé les veritables
moyens de conduire ces mêmes peuples, & d'in-
ftruire les fiecles à venir.   Il eft donc à propos
qui j'aille au grand Collége, & que j'offre là des
préfens à ce grand Maître qui n'eft plus, afin-
que je faffe connoitre combien j'honore les Lettrez,
& combien j'eftime leur doctrine. Ces marques
extraordinaires de vénération perfuadent que la
vertu, & le mérite de ce Philofophe ont été extraordinaires.   Et certes cét excellent homme
avoit auffi des qualitez admirables.   Il avoit un
ais

air grave & modeſte tout enſemble : il étoit ſi-
déle, équitable, gai, civil, doux, affable : &
une certaine férénité, qui paroiſſoit ſur ſon vi-
ſage, lui gagnoit les cœurs, & lui attiroit le
reſpect de tous ceux qui le regardoient. Il parloit peu ; & il méditoit beaucoup. Il s'appli-
quoit fort à l'étude, ſans pourtant fatiguer ſon
eſprit. Il mépriſoit les richeſſes et les honneurs,
lors-que c'étoient des obſtacles à ſes deſſeins.
Tout ſon plaiſir étoit d'enſeigner et de faire
gouter ſa doctrine à beaucoup de gens. Il é-
toit plus févére pour ſoi que pour les autres.
Il avoit une attention continüelle ſur lui-même, et étoit un Cenſeur fort rigoureux de ſa propre conduïte. Il ſe blamoit de n'être pas aſſez aſſidu à enſeigner ; de ne travailler pas avec
aſſez de vigilance à corriger ſes defauts, et de
ne s'exercer pas, comme il faloit, dans la prâtique des vertus. Enfin il avoit une vertu
qu'on trouve rarement dans les grands hommes,
ſçavoir l'humilité : car non ſeulement il parloit avec une extrême modeſtie, de ſoi et de
tout ce qui le regardoit, mais auſſi il diſoit devant tout le monde avec une ſincerité ſinguliè-
re, qu'il ne ceſſoit point d'apprendre, et que la
doctrine qu'il enſeignoit n'etoit pas ſienné, que
ç'eſtoit la doctrine des Anciens. Mais ſes livres ſont ſon véritable portrait, nous l'allons
faire voir par cet endroit-là.

SECONDE PARTIE

Recueil des Ouvrages de Confucius.

LIVRE PREMIER.

LE premier livre de Confucius a été mis en lumière par l'un de ses plus célèbres Disciples nommé *Cemçu*; & cét habile Disciple y a ajoûté de fort beaux Commentaires. Ce livre est comme la porte, par où il faut passer pour parvenir à la plus sublime sagesse, & à la vertu la plus parfaite. Le Philosophe y traite de trois choses considérables. 1. De ce que nous devons faire pour cultiver nôtre esprit & régler nos mœurs. 2. De la maniére avec laquelle il faut instruire & conduire les autres; & enfin, du soin que chacun doit avoir de tendre vers le souverain bien, de s'y attacher, de s'y reposer, pour ainsi dire.

Parce que l'Auteur a eu dessein, sur-tout, d'addresser ses enseignemens aux Princes, & aux Magistrats qui peuvent être appellez à la Royauté, le livre a pour titre *Ta-Hio*, comme qui diroit, *la grande Science.*

Le grand secret, dit Confucius, pour aquerir la veritable science, la science, par consequent, digne des Princes, & des personnages les plus-illustres, c'est de cultiver & polir la raison,

fon,

fon, qui eft un préfent que nous avons reçû du
Ciel. La concupifcence l'a déréglée, il s'y eft
mêlé plufieurs impuretez. Otez en donc ces
impuretez, afin qu'elle reprenne fon premier
luftre, & ait toute fa perfection. C'eft là le fouverain bien. Ce n'eft pas affez. Il faut de plus,
qu'un Prince, par fes exhortations & par fon
propre exemple, faffe de fon peuple comme un
peuple nouveau. Enfin, aprez être parvenu,
par de grands foins, à cette fouveraine perfection, à ce fouverain bien, il ne faut pas fe relacher ; c'eft ici que la perfeverance eft abfolument néceffaire.

Comme d'ordinaire les hommes ne fuivent
pas les voyes qui peuvent conduire à la poffeffion du fouverain bien, & à une poffeffion con-
ftante & éternelle, Confucius a crû qu'il étoit
important de donner là-deffus des inftructions.

Il dit, qu'aprez qu'on a connu la fin à laquelle on doit parvenir, il faut fe déterminer,
& tendre fans ceffe vers cette fin, en marchant
dans les voyes qui y conduifent ; en confirmant
tous les jours dans fon cœur, la refolution
qu'on a formée d'y parvenir, & en la confirmant fi bien, qu'il n'y ait rien qui la puiffe ébranler tant foit peu.

Quand vous aurez affermi de la forte vôtre
efprit dans ce grand deffein, adonnez-vous, a-
joute-t-il, à la méditation : raifonnez fur tou-

tes

tes chofes, en vous même : tâchez d'en avoir
des idées claires : confidercz diftinctement ce
qui fe préfente à vous : portez-en fans preju-
gé, des jugemens folides : péfez tout, examinez tout avec foin. Aprez un examen & des
raifonnemens de cette nature, vous pourrez aifément parvenir au but où il faut que vous vous
arrêtiez, à la fin à laquelle vous vous devez tenir attaché, fçavoir, à une parfaite conformité
de toutes vos actions avec ce que la raifon fug-
gere.

A l'égard des moyens qu'un Prince doit employer, pour purifier & polir fa raifon, afin
que fa raifon étant ainfi difpofée, il puiffe conduire fes Etats, & redreffer & polir la raifon de
fes peuples, le Philofophe propofe de quelle
maniére les anciens Rois fe conduifoient.

Ils tâchoient, dit-il, pour être un jour en
état de bien gouverner tout leur Empire, de
bien conduire un Royaume particulier, & de
porter ceux qui le compofoient à cultiver leur
raifon & à agir comme des créatures doüées
d'intelligence. Pour produire cette réforma-
tion dans ce Royaume particulier, ils travailloient à celle de leur famille, afin qu'elle fer-
vît de modéle à tous les fujets de ce Royaume.
Pour réformer leur famille ils prenoient un
foin extraordinaire de polir leur propre perfonne, & de compofer fi bien leur exterieur,
qu'ils ne diffent rien, qu'ils ne fiffent rien qui
put

Pût choquer tant soit peu la bienséance, & qui ne fut édifiant, afin qu'ils fussent eux-mêmes une régle & un exemple exposé sans cesse aux yeux de leurs domestiques & de tous leurs Courtisans. Pour parvenir à cette perfection extérieure, ils travailloient à rectifier leur esprit, en reglant & domtant leurs passions ; parce que les passions, pour l'ordinaire, éloignent l'esprit de sa droiture naturelle, l'abbaissent, & le portent à toute sorte de vices. Pour rectifier leur esprit, pour regler & domter leurs passions, ils faisoient en sorte que leur volonté se portât toûjours vers le bien, & ne se tournât jamais vers le mal. Enfin, pour disposer ainsi leur volonté, ils s'étudioient à éclairer leur entendement, & à l'éclairer si bien, qu'ils n'ignorassent rien, s'il étoit possible : car enfin, pour vouloir, pour désirer, pour aimer, pour haïr, il faut connoitre ; c'est la Philosophie de la droite raison.

C'est ce que proposoit Confucius aux Princes, pour leur apprendre à rectifier & polir, premierement leur raison, & ensuite la raison & la personne de tous leurs Sujets. Mais afin de faire plus d'impression, aprez être descendu par degrez, de la sage conduite de tout l'Empire, jusques à la perfection de l'entendement, il remonte, par les mêmes degrez, de l'entendement éclairé jusqu'à l'état heureux de tout l'Empire. Si, dit-il, l'entendement d'un

Prin-

Prince eſt bien éclairé, ſa volonté ne ſe por-
tera que vers le bien : ſa volonté ne ſe portant
que vers le bien, ſon ame ſera entierement re-
ctifiée, il n'y aura aucune paſſion qui lui puiſſe
faire perdre ſa rectitude : l'ame étant ainſi re-
ctifiée, il ſera compoſé dans ſon extérieur, on
ne remarquera rien en ſa perſonne qui puiſſe
choquer la bienſéance : ſa perſonne étant ainſi
perfectionnée, ſa famille ſe formant ſur ce modéle, ſe réformera & ſe polira : ſa famille étant
parvenuë à cette perfection, elle ſervira d'exemple à tous les Sujets du Royaume particulier,
& ceux qui compoſent le Royaume particulier,
à tous ceux qui compoſent le corps de l'Empire. Ainſi tout l'Empire ſera bien reglé ; l'ordre & la juſtice y regneront ; l'on y jouïra d'u-
ne paix profonde, ce ſera un Empire heureux
& floriſſant. Confucius avertit enſuite, que
ces enſeignemens ne regardent pas moins le
Sujets que les Princes : & aprés s'addreſſant
préciſement aux Rois, il leur dit, qu'ils doivent s'attacher particulierement à bien regler
leur famille, à en avoir ſoin, à la réformer :
Car, ajoûte-il, *il n'eſt pas poſſible, que celui
qui ne ſçait pas conduire & réformer ſa propre
famille, puiſſe bien conduire & réformer un
peuple.*

Voilà ce qu'il y a de plus important dans la
doctrine de Confucius contenuë dans le premier livre, & qui eſt le texte, pour ainſi dire,

fur lequel *Cemçu* fon Commentateur a travaillé.

Ce célébre Difciple , pour expliquer & é-
tendre les enfeignemens de fon Maître , allegue des autoritez & des exemples qu'il tire de
trois livres fort-anciens , & fort eftimez par les
Chinois.

Le premier livre dont il parle , qui eft pourtant moins ancien que les autres, a pour titre
Camcao , & fait une partie des Chroniques de
l'Empire de *Cheu.* Ce livre a été compofé par
un Prince appellé *Vùvâm* fils du Roi *Venvâm.*
Vùvâm y fait l'éloge de fon pere ; mais le principal deffein qu'il a , en exaltant les vertus &
les grandes qualitez de ce Prince , eft de former
fur ce modéle l'un de fes freres qu'il veut perfectionner dans la vertu : & l'on remarque
qu'il lui difoit ordinairement que leur pere
avoit pû devenir vertueux. *Vênvâm,* lui difoit-
il, *a pû polir fa raifon & fa perfonne.*

Le fecond livre d'où *Cemçu* tire fes autoritez
& fes exemples eft appellé *Tái-Kia.* Ce livre,
qui eft beaucoup plus-ancien que le premier, a
été écrit par un fameux Empereur de *Xam,* appellé *Y-Yin,* on y lit que cét *Y-Yin.* voyant
que *Tái-Kia* petit fils de l'Empereur *Chim-
Tam* degéneroit de la vertu de fes illuftres Ancêtres, & fe conduifoit d'une maniére entiérement differente de la leur : il lui ordonna de
demeurer trois ans dans un jardin, où étoit le fe-
pul-

pulcre de son ayeul ; que cela fit une grande
impreſſion ſur ſon eſprit, qu'il changea de conduite : & que le même *Y-Yin* qui lui avoit rendu un ſi bon office, l'ayant enſuite élevé à
l'Empire, *Tái-Kia* le gouverna long-tems,
fort heureuſement. *Le Roi Tam*, diſoit *Y-Yin*
à Tai-Kia, le Roi Tam avoit toûjours l'eſprit
occupé à cultiver cette prétieuſe raiſon qui nous a
été donnée du Ciel.

Enfin le troiſiéme livre, qui eſt beaucoup
plus ancien que les deux précedens, eſt appellé
Ti-Tien : & l'on y lit encore à l'occaſion du
Roi *Yao*, *que ce Prince avoit pû cultiver cette*
ſublime vertu, ce grand & ſublime don qu'il
avoit reçû du Ciel, ſçavoir la raiſon naturelle.

Il eſt viſible, que le Diſciple de Confucius,
par ces autoritez, a deſſein d'enſeigner, ou
plûtôt ſuppoſe que tout le monde croit que
nous avons tous reçû du Ciel, des lumiéres que
la plûpart des hommes laiſſent éteindre par leur
negligence, une raiſon que la plupart des
hommes négligent volontairement & laiſſent
·corrompre ; & que puis qu'il y a eu des Princes qui ont perfectionné ces lumieres, qui ont
cultivé & poli leur raiſon, on les doit imiter, &
que l'on peut auſſi bien qu'eux par ſes ſoins,
atteindre à une perfection ſemblable.

Il ne faut pas oublier ici une choſe remarquable que rapporte *Cemçu*, touchant un baſſin
dans lequel le Roi *Tam* avoit coutume de ſe la-
ver.

ver. Il dit qu'on y voyoit gravées ces belles paroles, *lave-toi, renouvelle-toi continuellement.*
Renouvelle-toi chaque jour. Renouvelle-toi de
jour-en-jour; & que c'étoit pour faire entendre
au Roi, que si un Prince qui gouverne les autres a contracté des vices & des soüilleures, il
doit travailler à s'en nettoyer, & à mettre son
cœur dans son premier estat de pureté. Au reste, ça été une ancienne coutume parmi les
Chinois de graver ou de peindre sur leurs va-
ses domestiques des sentences morales, & de
fortes exhortations à la vertu : en sorte que lors
qu'ils se lavoient ou qu'ils prenoient leur repas
là, ils avoient toujours devant les yeux ces sentences & ces exhortations. Cette coûtume ancienne s'est même conservée jusqu'à présent. Il
y a seulement cette différence, dit celui qui a
publié les ouvrages de Confucius, qu'au lieu
qu'autrefois l'on gravoit, ou l'on peignoit les
caractères au dedans du vaisseau, au milieu de
la face intérieure, aujourd'hui, le plus souvent, les Chinois les font graver ou peindre en
dehors, *se contentant, dans ce siécle-ci de l'ap-*
parence exterieure de la vertu.

Aprez que *Cemçu* a parlé des deux premiéres parties de la Doctrine de son Maître, dont
l'une regarde ce qu'un Prince doit faire pour sa
propre perfection, & l'autre ce qu'il est obligé de faire pour la perfection & le bonheur des
autres, il passe à la troisiéme & derniére partie,

tie, où il eft parlé de la derniére fin que chacun doit fe propofer comme le fouverain bien, & dans laquelle il doit s'arrêter. On fe fouviendra, que par la derniére fin & le fouverain bien, Confucius entend, comme nous l'avons deja fait remarquer, une entiere conformité de nos actions avec la droite raifon.

Il allegue aprez cela, l'exemple de ce Vênvâm, dont nous avons deja parlé : & certes la conduite de ce Prince a été fi fenfée & fi bien reglée, qu'on ne peut apprendre fans admiration, que par les feules lumieres de la Nature, il ait eu les idées qu'il a euës, & qu'il foit parvenu à une vertu fi fublime que celle à laquelle il eft parvenu. On ne fera pas marri d'en voir ici quelque chofe.

Vênvâm, dit le Commentateur, avoit reconnu que l'amour que les Princes ont pour leurs Sujets ne peut que contribüer beaucoup à les bien conduire & à les rendre heureux : & dans cette vûë, il faifoit fon affaire principale de cét amour qu'il tâchoit de perfectionner fans ceffe. Voici de quelle maniére il s'y étoit pris. Parce que la principale vertu d'un Sujet eft d'honorer & de refpecter fon Roi, *Vênvam* étant encore Sujet, fe fixoit à cét honneur & à ce refpect : & il fe faifoit un fi grand plaifir de ces fortes d'obligations, qu'il les remplit toûjours avec beaucoup de fidélité. Comme la premiere & la plus importante vertu des enfans,

fans à l'égard de leurs peres est l'obeïssance, *Vênvâm*, dans la relation de fils, se fixoit à cette obeïssance; & il s'aquita, sans relache, de ce devoir, avec une piété extraordinaire. La principale vertu d'un pere, ajoute le Disciple de Confucius, est un amour tendre pour les enfans: aussi *Vênvâm*, comme pere, se fixoit, à cét amour, dont il donna toûjours des marques fort éclatantes, non par une foible & criminelle indulgence, mais par les soins continüels qu'il prit de les corriger & de les instruire. Enfin, la bonne foi est une vertu absolument nécessaire à ceux qui vivent en societé: aussi *Vên-vâm* parlant & agissant avec les Sujets de son Royaume se fixoit à cette vertu, & il y fut toûjours si fort attaché, qu'il ne lui arriva jamais de rien promettre qu'il n'effectuat avec une promtitude & une exactitude inconcevables.

Ce Prince, dit *Cemçu*, étoit né d'un pere & d'une mere, qui étoient des personnes fort vertueuses, & qui avoient pris grand soin de son éducation, sur tout *Táicin* sa mére qui avoit été un modéle de vertu: mais il avoit lui-même si bien cultivé cette éducation qu'il se rendit un Prince accompli, & s'aquit tant de réputation & une estime si générale, même chez les Nations étrangeres, que quarante-quatre Royaumes s'étoient volontairement soûmis à son Empire. Cependant, ajoûte-t-il, ce grand éclat
dons

dont il étoit environné, ne fût jamais capable dé
l'éblouïr ; il étoit d'une humilité & d'une modestie sans exemple , il s'accusoit même fort
sévérement de n'être pas assez vertueux : car un
jour qu'il étoit malade , la terre ayant été se-
couée par de prodigieux tremblemens , il ne
chercha la cause de cette calamité & de la colere
du Ciel que dans ses propres péchez, quoi-qu'il
fut d'une vertu consommée.

Ce qui a le plus paru dans les actions de *Vênvâm*, est une charité extraordinaire, nous n'en
alleguerons qu'un exemple. On lit dans les
Annales de la Chine , que ce Prince ayant rencontré à la campagne les ossemens d'un homme à qui l'on avoit refusé les honneurs de la
sépulture, il commanda d'abord qu'ils fussent
ensevelis : & comme quelqu'un de ceux qui
étoient autour de lui , dit qu'on ignoroit qui
étoit le Maître du défunt, & que par cette raison il ne faloit pas s'en mettre en peine, fondé
peut être sur quelque coutume du païs. *Quoi !*
répondit le Roy, *celui qui tient les rênes de l'Empire n'est-il pas le Maître de l'Empire ? celui qui
regne n'est-il pas le Maître du Royaume ? je suis
donc le Maître & le Seigneur du defunt, ainsi
pourquoi lui refuserois-je ces derniers devoirs de
piété ?* Mais ce n'est pas tout ; il n'eut pas plutôt proferé ces paroles, que se dépouillant de
son vétement Royal , il commanda que l'on
s'en servit pour enveloper ces ossemens, &
qu'on

qu'on les enfevelit felon les maniéres & la coûtume du païs: ce que fes Courtifans ayant vû
avec admiration s'écrierent, *fi la piété de nôtre*
Prince eft fi grande envers des offemens tout fecs;
combien grande ne fera-t-elle pas envers des hom-
mes qui jouiffent de la vie. Ils firent quelques autres réflexions de cette nature.

La charité de *Vênvàm*, avoit proprement
pour objet toutes fortes de perfonnes, mais
particulierement les perfonnes avancées en âge,
les veuves, les orphelins, & les pauvres, qu'il
protegeoit & nourrifloit comme s'ils euffent
été fes propres enfans. On croit que ces chari-
tables actions ont été la caufe principale du
retabliffement d'une pieufe coûtume des premiers Empereurs, & d'une loi qu'on obferve
encore aujourd'huy dans toute la Chine. Cette
loi porte que dans chaque ville, même dans les
plus petites, l'on entretiendra, aux depens du
public, cent pauvres perfonnes âgées.

Mais *Vênvàm* ne fe contenta pas d'avoir donné, durant le cours de fa vie, des inftructions
& des exemples de vertu; lors qu'il fe fentît
proche de la mort, ne fe fiant pas affez fur la
force de fes inftructions précedentes & de fes
exemples, & fçachant que les dernieres paroles des mourans font une grande impreffion, il
donna encore à fon fils *Vuvâm* ces trois avertiffemens. I. *Lorfque vous verrez faire quel-*
que action vertueufe, ne foyez point pareffeux à

C *la*

la pratiquer. 2. Lors que l'occasion de faire une chose raisonnable se présentera, profitez-en, sans hésiter. 3. Ne cessez point de travailler à détruire & à extirper les vices. Ces trois avertissemens que je vous donne, mon fils, ajouta-t-il, contiennent tout ce qui peut produire une probité exacte, & une conduite droite.

Voilà sans doute un exemple qui fait sentir, que dans le tems que ce Roi vivoit, les Chinois avoient des sentimens fort raisonnables, & que la vertu étoit leur passion, pour ainsi dire ; car enfin les peuples, pour l'ordinaire, se conforment aux sentimens & aux mœurs de leurs Rois.

Regis ad exemplum, totus componitur orbis.

Il n'y a rien pourtant, qui donne une plus grande idée de la vertu des anciens Chinois, que ce qu'ils ont dit & pratiqué, à l'égard des procez. Ils enseignoient qu'il ne faloit intenter des procez à personne ; que les fraudes, les aigreurs & les inimitiez qui sont les suites ordinaires des procez, étoient indignes des hommes ; que tout le monde devoit vivre dans l'union & dans la concorde, & que pour cela il faloit que chacun fit tous ses efforts, ou pour empêcher les procez de naître, ou pour les étouffer dans leur naissance, en accordant les parties, & leur inspirant l'amour de la paix,

c'estc'est-à-dire, *en les engageant à rénouveller & polir leur raison*; ce sont les paroles de *Cemçu.*

Mais ce qu'il y a de plus remarquable sur ce sujet, c'est les précautions extraordinaires que les Juges prenoient, lorsque quelque cause étoit portée devant leurs Tribunaux. Ils examinoient, avec toute l'attention dont ils pouvoient être capables, tout l'exterieur de celui qui suscitoit le procez, afin que par ce moyen ils pûssent connoitre si cét homme étoit poussé par de bons motifs, s'il croyoit sa cause bonne, s'il agissoit sincerement: & il y avoit cinq Régles pour cela. Par la premiére Régle, ils examinoient l'arrangement de ses termes & sa maniére de parler, & cela s'appelloit *Cutim*, c'est-à-dire, *l'observation des paroles.* Par la seconde Régle, ils consideroient l'air de son visage, & le mouvement de ses levres; & cela s'appelloit *Setim*, c'est-à-dire, *l'observation du visage.* Par la troisiéme ils prenoient garde à la maniére dont il respiroit lors qu'il proposoit sa cause; cette Régle s'appelloit *Kitim*, c'est-à-dire, *l'observation de la respiration.* Par la quatriéme ils remarquoient s'il avoit la repartie prompte: s'il ne donnoit pas des réponses embarrassées, mal-assurées, incertaines, ou s'il parloit d'autre chose que de ce dont il étoit question; si ses paroles n'étoient pas ambigües; & cela s'appelloit *Ulhtim*, c'est-à-dire, *l'observation des réponses.* Enfin, par la cinquiéme

Ré-

Régle, les Juges devoient confidérer avec foin les regards, prendre garde s'il n'y avoit point de trouble, d'égarement, de confufion; s'il n'y paroiffoit pas quelque indice de menfonge & de fraude, & cette derniére Regle étoit appellée *Motim*, c'eft-à-dire, *l'obfervation des yeux*.

C'étoit par ces marques extérieures que cét ancien Areopage découvroit les fentimens les plus-cachez du cœur, rendoit une juftice exacte, détournoit une infinité de gens des procez & des fraudes, & leur infpiroit l'amour de l'équité & de la concorde. Mais aujourd'hui, on ignore ces Régles dans la Chine, ou du moins elles y font negligées entiérement.

Pour revenir à la Doctrine de Confucius éclaircie par les Commentaires de *Cemçu*, ce Difciple fait fort valoir une Maxime qu'il avoit entendu dire fort fouvent à fon maître, & qu'il inculquoit auffi fort lui-même. La voici. *Conduifez-vous tôûjours avec la même précaution & avec la même retenüe que vous auriez, fi vous étiez obfervé par dix yeux, & que vous fuffiez montré par dix mains.*

Pour rendre la vertu plus recommandable encore, & en infpirer avec plus de facilité les fentimens, le même Difciple fait comprendre, que, ce qui eft honnête & utile étant aimable, nous fommes obligez à aimer la vertu, parce qu'elle renferme ces deux qualitez; que d'ail-

leurs

leurs la vertu est un ornement qui embellit,
pour ainsi dire, toute la personne de celui qui
la possede, son interieur & son exterieur; qu'elle communique à l'esprit des beautez & des per-
fections qu'on ne sçauroit assez estimer; qu'à
l'égard du corps, elle y produit des agrêmens
fort sensibles; qu'elle donne une certaine
Physionomie, certains traits, certaines maniéres qui plaisent infiniment; & que comme
c'est le propre de la vertu de mettre le calme
dans le cœur & d'y entretenir la paix, aussi ce
calme intérieur & cette joye secrete produisent
une certaine sérénite sur le visage, une certaine
joye, & un certain air de bonté de douceur &
de raison qui attire le cœur & l'estime de tout
le monde. Aprés quoi il conclut, que la principale occupation d'un homme est de rectifier
son esprit, & de si bien régler son cœur, que
ses passions soient toûjours dans le calme; &
que s'il arrive qu'elles viennent à être excitées,
il n'en soit pas plus émû qu'il ne faut, en un
mot, qu'il les régle selon la droite raison. Car,
par exemple, ajoûte-t-il, si nous nous laissons
emporter à une colére démesurée, c'est-à-dire,
si nous nous mettons en colére lorsque nous
n'en avons point de sujet, ou plus que nous ne
devons lors que nous en avons quelque sujet,
l'on doit conclurre de-là, que nôtre esprit n'a
point la rectitude qu'il devroit avoir. Si nous
méprisons & haïssons mortellement une per-

C 3   son-

sonne, à cause de certains défauts que nous re-
marquons en elle, & que nous ne rendions pas
justice à ses bonnes qualitez, si elle en a; si
nous nous laissons troubler par une trop grande
crainte; si nous nous abandonnons à une joye
immoderée, ou à une tristesse excessive, on ne
peut pas dire non plus, que nôtre esprit soit
dans l'état où il devroit être, qu'il ait sa rectitude
& sa droiture.

Cemçu pousse encore plus loin cette Morale,
& lui donne une perfection, qu'on n'auroit,
ce semble, jamais attendu de ceux qui n'ont
point été honorez de la révélation divine. Il
dit, que non seulement il faut garder de la moderation en général, toutes les fois que nos
passions sont excitées, mais qu'aussi à l'égard
de celles qui sont les plus legitimes, les plus
innocentes, & les plus loüables, nous ne devons point nous y abandonner aveuglément,
& suivre toûjours leurs mouvemens; qu'il faut
consulter la raison. Par exemple, les parens
sont obligez de s'aimer les uns les autres. Cependant, comme leur amitié peut être trop foible, elle peut être aussi trop forte; &, à l'un & à
l'autre égard, il y a sans doute du déréglement.
Il est juste d'aimer son pere: mais si un pere a
quelque défaut considérable, s'il a commis
quelque grande faute, il est du devoir d'un fils
de l'en avertir, & de lui dire ce qui lui peut être
utile, en gardant toûjours un certain respect

dont

dont il ne doit jamais fe départir. De-même, fi un fils eft tombé dans quelque péché, il eft du devoir d'un pere de le cenfurer, & de lui donner là-deffus fes inftructions. Que fi leur amour eft aveugle, fi leur amour eft une pure paffion; fi c'eft la chair & le fang qui les font agir, cét amour eft un amour déréglé. Pourquoi? parce qu'il fe détourne de la régle de la droite raifon.

Nous ferions grand tort au Lecteur, fi nous ne parlions pas de l'Empereur *Yao*, dont on voit l'éloge dans l'ouvrage qui a fourni la matiére du nôtre. Jamais homme n'a pratiqué avec plus d'exactitude que lui, tous ces devoirs qui viennent d'être propofez par le Difciple de Confucius. On peut dire, fi fon portrait n'eft point flatté, qu'il avoit un naturel fait pour la vertu. Il avoit le cœur tendre, mais magnanime & bien réglé. Il aimoit ceux qu'il étoit obligé d'aimer, mais c'étoit fans la moindre foibleffe. Il régloit, en un mot, fon amour & toutes fes paffions, par la droite raifon.

Ce Prince parvint à l'Empire, 2357. ans avant Jefus-Chrift; il régna cent ans: mais il régna avec tant de prudence, avec tant de fageffe, & avec tant de démonftrations de douceur & de bonté pour fes fujets, qu'ils étoient les plus heureux peuple de la terre.

Yao avoit toutes les excellentes qualitez qu'on peut défirer dans un Prince. Les richef-

fes

ſes ne lui donnoient aucun orgüil. Son extraction, qui étoit ſi noble & ſi illuſtre ne lui
inſpiroit aucun ſentiment de fierté. Il étoit
honnéte, ſincére, doux, ſans nulle affectation.
Son Palais, ſa table, ſes habillemens, ſes meubles, faiſoient voir la plus grande moderation
qu'on ait jamais vûe. Il aimoit la Muſique,
mais c'étoit une Muſique grave, une Muſique
modeſte & pieuſe; il ne deteſtoit rien tant que
ces chanſons où l'honnéteté & la pudeur ſont
bleſſées. Ce n'étoit point une humeur bizarre
qui lui faiſoit haïr ces ſortes de chanſons, c'é-
toit le déſir qu'il avoit de ſe rendre, en toutes
choſes, agréable au Ciel. Ce n'étoit point
non-plus l'avarice qui produiſoit en lui cette
moderation qu'il gardoit dans ſa table, dans ſes
habillemens, dans ſes meubles, & dans tout
le reſte, c'étoit uniquement l'amour qu'il a-
voit pour ceux qui étoient dans l'indigence;
car il ne penſoit qu'à les ſoulager. C'eſt auſſi
ſa grande piété, & cette charité ardente dont il
brûloit, qui lui faiſoient ſouvent proferer ces
paroles admirables: *La faim de mon peuple eſt
ma propre faim. Le péché de mon peuple eſt
mon propre péché.*

L'an 72. de ſon regne il élût pour Collégue
Xun qui gouverna l'Empire avec lui vingt-huit
ans. Mais ce qu'il y eut de plus remarquable
& qui merite les loüanges & les applaudiſſe-
mens de tous les ſiécles, c'eſt que quoi-qu'il
eut

eut un fils, il déclara qu'il vouloit que *Xun* en qui il voyoit beaucoup de vertu, une probité exacte, & une conduite judicieufe, fût fon u-nique Succeffeur. Et comme on lui rapporta que fon fils fe plaignoit de ce que fon pere l'a-voit exclut de la Succeffion à l'Empire, il fit cette réponfe, qui feule peut être la matiére d'un beau Panegyrique, & rendre fa memoire immortelle. *J'aime mieux que mon fils feul foit mal, & que tout mon peuple foit bien, que fi mon fils feul étoit bien, & que tout mon peuple fût mal.*

Comme le principal but de Confucius, ainfi que nous l'avons déja dit, a été de propofer fa Doctrine aux Rois, & de la leur perfuader, parce qu'il a cru, que s'il pouvoit leur infpirer des fentimens de vertu, leurs fujets devien-droient vertueux à leur exemple, *Cemçu* expli-quant cette Doctrine s'étend fort fur les devoirs des Rois.

Il s'attache principalement à trois chofes. 1. A faire voir qu'il eft trés-important que les Rois fe conduifent bien dans leur famille & dans leur Cour, parce que l'on ne manque point d'i-miter leurs maniéres & leurs actions. 2. A leur perfuader que la néceffité qu'il y a en gé-néral d'aquerir l'habitude de la vertu & d'en remplir les devoirs, en tous lieux & à toutes fortes d'égards. 3. A les engager à ne pas appauvrir le peuple, mais à faire tout pour fon

bien

bien, & pour sa commodité.

A l'égard du premier article, il se sert de plusieurs pensées que le livre des Odes lui fournit. Mais voici, en deux mots, ce qu'il dit de plus considérable. Si, dit-il, un Roi comme pere, témoigne de l'amour à ses enfans; si, comme fils, il est obéïssant à son pére: si en qualité d'aîné, il a de la bienveillance pour ses cadets, & vit en paix avec eux; si, comme cadet, il a du respect & des égards pour son aîné; s'il traite avec douceur ceux qui sont à son service; s'il est charitable, sur tout envers les veuves & les Orphelins; si, dis-je, un Roi s'aquite exactement de tout cela, son peuple l'imitera, & l'on verra par tout son Royaume, tout le Monde pratiquer la vertu. Les peres & les meres aimeront leurs enfans avec tendresse, & leur donneront une bonne éducation. Les enfans honoreront leurs peres & leurs meres & leur obéïront exactement. Les aînez agiront avec bonté envers leurs cadets, & les cadets auront de la considération & des égards pour leurs aînez, ou pour les autres personnes pour lesquelles, la bienséance veut qu'ils ayent du respect, comme, par exemple, pour les personnes avancées en âge. Enfin ceux qui auront du bien feront subsister quelques veuves, quelques Orphelins, quelques personnes infirmes: car il n'y a rien qui fasse plus d'impression sur les esprits des peuples, que les exemples de leurs Rois.   A

A l'égard du second article, où *Cemçu* exhorte en général à pratiquer la vertu, il allégue pour principe cette maxime, à laquelle Jesus-Christ lui-même semble rapporter toute la Morale, *Faites à autrui ce que vous voudriez qu'on vous fît, & ne faites pas à autrui ce que vous ne voudriez pas qui vous fût fait.*

Parmi ceux au milieu desquels vous vivez, dit le Disciple de Confucius, il y en a qui sont au dessus de vous, il y en a d'autres qui vous sont inférieurs, d'autres qui vous sont égaux; il y en a qui vous ont précedé, il y en a qui doivent être vos Successeurs; Vous en avez à vôtre main droite, vous en avez à vôtre main gauche. Faites réflexion, que tous ces hommes-là ont les mêmes passions que vous, & que ce que vous souhaitez qu'ils vous fassent, ou qu'ils ne vous fassent point, ils souhaitent que vous le leur fassiez, ou que vous ne le leur fassiez point. Ce que vous haïssez donc dans vos superieurs, ce que vous blâmez en eux, gardez-vous bien de le pratiquer à l'égard de vos inférieurs: & ce que vous haïssez & blâmez dans vos inférieurs, ne le pratiquez point à l'égard de vos superieurs. Ce qui vous déplait dans vos prédecesseurs, évitez-le, pour n'en donner pas l'exemple vous-même, à ceux qui viendront aprez vous. Et comme au cas que vous vinssiez à leur donner un tel exemple, vous devriez souhaiter qu'ils ne le suivissent point; aussi vous-même ne

ne fuivez point les mauvais exemples de ceux
qui vous ont précedé.   Enfin ce que vous bla-
mez dans ceux qui font à vôtre main droite, ne
le pratiquez point à l'égard de ceux qui font à
vôtre main gauche; & ce que vous blâmez à
l'égard de ceux qui font à vôtre main gauche,
gardez-vous de le pratiquer à l'égard de ceux
qui font à vôtre main droite. Voilà, conclut
Cemçu, de quelle maniére nous devons mefurer
& régler toutes nos actions : & fi un Prince en
ufe de la forte, il arrivera que tous fes fujets ne
feront qu'un cœur & qu'une ame, & qu'il de-
vra être appellé plûtôt leur pere, que leur fei-
gneur & leur maître.   Ce fera le moyen d'attirer les bénédictions & les faveurs du Ciel, de
n'avoir rien à craindre, & de mener une vie
douce & tranquille : car enfin , la vertu eft la ba-
fe & le fondement d'un Empire, & la fource
d'où découle tout ce qui le peut rendre florif-
fant.   C'eft dans cette vûe qu'un Ambaffadeur
du Royaume de *Cu*, fit cette belle réponfe à un
Grand du Royaume de *Cin* qui lui démandoit,
fi dans le Royaume de fon Maître il y avoit de
grandes richeffes & des pierres précieufes; *Il n'y*
a rien qu'on eftime précieux dans le Royaume de
Cu que la vertu. Un Roi de *Ci* , fit à peu prés
la même réponfe.   Ce Prince venoit de traiter
alliance avec le Roi de *Guei*, & le Roi de *Guei*
lui ayant demandé, fi dans fon Royaume, il y
avoit des pierres précieufes, il répondit qu'il
n'y

n'y en avoit point. Quoi ! repartit ce Roi tout furpris, eft-il poffible que quoi-que mon Royaume foit plus petit que le vôtre, il s'y trouve pourtant une Efcarboucle dont l'éclat eft fi grand ,
qu'il peut éclairer autant d'efpace qu'il en faut
pour douze Chariots, & que dans vôtre Royaume qui eft beaucoup plus vafte que le mien, il
n'y ait point de ces pierres précieufes ! *J'ai qua-*
tre Miniftres, repliqua la Roi de *Ci qui* gou-
vernent avec une grande prudence les Provinces
que je leur ai confiées : Voilà mes pierres pré-
cieufes, elles peuvent éclairer mille ftades. Ce
ne font pas les hommes feuls dans la Chine qui
ont eftimé la vertu, il y a eu des femmes qui
l'ont regardée comme un bien d'un prix infini
& preferable à tous les trefors. Une illuftre
Reine, appellée *Kiam*, qui régnoit 200. ans
avant Confucius retira fon mari du libertinage
& de la débauche, par une action qui merite
d'être immortalifée. Comme elle voyoit que ce
Prince affiftoit continuellement à des repas de
debauche, & qu'il s'abbandonnoit à toutes fortes de voluptez, elle arracha un jour fes pendans
d'oreille & toutes les pierreries qu'elle portoit,
& en cét état elle alla trouver le Roi, & lui dit
ces paroles avec une émotion touchante. *Sei-*
gneur, eft-il poffible que la débauche & la luxure
vous plaifent fi fort. Vous méprifez la vertu;
mais je l'eftime infiniment plus que les pierres
prétieufes. Elle s'étendit enfuite fur ce fujet, &
l'a-

l'action & le discours de cette Princesse le tou-
cherent si fort, qu'il renonça à ses desordres,
& s'addonna tout entier à la vertu & au soin de
son Royaume, qu'il gouverna encore treize ans
avec l'aplaudissement de tout le monde.

Enfin, à l'égard du dernier article, *Cemcu*
represente aux Rois qu'ils ne doivent point fou-
ler le peuple, ni par leurs impots, ni autrement; que pour n'être pas obligez d'en venir
là, il est nécessaire de choisir des Ministres capables, fidéles, vertueux, & par conséquent
d'éloigner du maniment des affaires, ceux qui en
sont indignes, & qui par leurs cruautez, leur
ambition & leur avarice, ne peuvent que porter
un trés-grand préjudice à l'Etat. Il leur fait
comprendre, qu'ils doivent diminuer, autant
qu'il est possible, le nombre des Ministres, & de
tous ceux qui vivent aux depens du public; tâcher de porter tout le monde au travail, & faire
en sorte que ceux qui gouvernent & dispensent
les finances, le fassent avec toute la moderation
possible. Les Princes, aioûte-t-il, ne doivent
jamais chercher leur intéret particulier; ils ne
doivent chercher que les intérets de leur peuple: pour être aimez & servis fidélement, ils
doivent persuader à leurs Sujets, par leur conduite, qu'ils ne pensent qu'à les rendre heureux; ce qu'ils ne leur persuaderont jamais,
s'ils n'ont à cœur que leurs intérets particuliers,
s'ils les foulent & les appauvrissent.

L. I.

LIVRE SECOND.

CE fecond livre de Confucius, a été mis en lumiére par *Cufu* fon petit fils. Il y eft parlé de diverfes chofes, mais fur tout de cette belle mediocrité qu'il faut garder en toutes chofes avec conftance, entre le trop & le trop peu. Auffi ce livre a-t-il pour titre, *Chumyum,* c'eft-à-dire, *Milieu perpetuel,* milieu gardé conftamment.

Confucius enfeigne d'abord, que tous les hommes doivent aimer cette mediocrité, qu'ils la doivent rechercher avec un foin extrême. Il dit que l'homme parfait tient toûjours un jufte milieu, quoi qu'il entreprenne; mais que le méchant s'en éloigne toûjours, qu'il en fait trop, ou qu'il n'en fait pas affez. Lorfque la droite raifon venüe du Ciel, ajoûte-t-il, a montré une fois à un homme fage le milieu qu'il doit tenir, il y conforme enfuite toutes fes actions, en tout tems, auffi bien dans l'adverfité que dans la profperité ; il veille continuellement fur lui-même, fur fes penfées, fur les mouvemens les plus cachez de fon cœur, afin de fe régler toûjours fur ce jufte milieu, qu'il ne veut jamais perdre de vüe: mais les méchans n'étant retenus, ni par l'amour de la vertu, leurs paffions déréglées les portent toûjours dans les extremitez.

Ce

Ce Philofophe ne peut affez admirer cette heureufe mediocrité, il la regarde comme la chofe du monde la plus relevée, comme la cho-fe du monde la plus digne de l'amour & de l'oc-cupation des efprits les plus fublimes, comme le feul chemin de la vertu : & il fe plaint, de ce que de tout tems il y a eu fi peu de perfonnes qui l'ayent gardée : il en recherche même la caufe. Il dit, que pour le regard des Sages du fiécle, ils la negligent, & n'en font point de cas, parce-qu'ils s'imaginent qu'elle eft au def-fous de leurs grands defleins, de leurs projets ambitieux : & que pour les perfonnes groffié-res elles n'y parviennent que difficilement, ou parce qu'ils ne la connoiffent point, ou parce que la difficulté qu'il y a à y parvenir les étonne & les décourage : & tout cela, ajoûte Confu-cius, arrive faute d'examen ; car fi l'on exami-noit avec exactitude ce qui eft bon en foi, l'on reconnoitroit que toutes les extremitez font nui-fibles, & qu'il n'y a que le milieu qui foit toû-jours bon & utile.

Il allegue fur tout ceci l'exemple de l'Empe-reur *Xun*. Que la prudence de l'Empereur *Xun* a été grande, s'écrie-t-il, il ne fe contentoit pas, dans l'adminiftration des affaires de l'Etat, de fon feul examen, de fon jugement particu-lier, de fa prudence ; il fe fervoit encore des confeils des moindres de fes fujets. Il deman-doit même confeil fur les moindres chofes, &

il

il fe faifoit un devoir & un plaifir, d'examiner les réponfes qu'on lui donnoit; quelque communes qu'elles paruffent. Lors qu'on lui propofoit quelque chofe, & qu'aprés un mûr examen, il s'étoit convaincu que ce qu'on lui propofoit, n'étoit pas conforme à la droite raifon, il n'y acquiefçoit point, mais il repréfentoit, avec un cœur ouvert, ce qu'il y avoit de mauvais dans le confeil qu'on lui donnoit. Par ce moyen il faifoit que fes Sujets prénoient de la confiance en lui, & qu'ils s'accoûtumoient à lui donner, de tems-en-tems, des avertiffemens avec liberté. Pour les confeils bons & judicieux, il les fuivoit, il les loüoit, il les exaltoit; & par-là chacun étoit encouragé, à lui déclarer fes fentimens avec plaifir. Que fi, parmi les confeils qu'on lui donnoit, il s'en trouvoit, qui fuffent entiérement oppofez les uns aux autres, il les examinoit attentivement, & aprez les avoir examinez, il prenoit toûjours un milieu, fur tout lors qu'il s'agiffoit de l'interêt public.

Confucius déplore ici la fauffe prudence, des gens de fon tems. En effet, elle avoit fort dégénéré de la prudence des anciens Rois. Il n'y a, dit-il, à préfent perfonne, qui ne dife, j'ai de la prudence, je fçai ce qu'il faut faire, & ce qu'il ne faut point faire. Mais parce qu'aujourd'hui, on n'a devant les yeux que fon profit & fa commodité particuliére, il ar-

D   rive

rive qu'on ne penſe point aux maux qui en peuvent provenir, aux périls auxquels ce gain &
ce profit expoſent, & que l'on ne s'apperçoit
point du précipice.   Il y en a qui connoiſſent
parfaitement la Nature & le prix de la mediocrité, qui la choiſiſſent pour leur régle, & qui
y conforment leurs actions, mais qui enſuite,
venant à ſe laiſſer ſurmonter par la pareſſe, n'ont
pas la force de perſiſter.   Que ſert à ces ſortes
de gens la connoiſſance & les réſolutions qu'ils
ont formées? Helas! il n'en étoit pas de même de mon Diſciple *Hoeï*: il avoit un diſcernement exquis, il remarquoit toutes les différences qui ſe trouvent dans les choſes, il choi-
ſiſſoit toûjours un milieu, il ne l'abbandonnoit
jamais.

Au-reſte, ajoûte Confucius, ce n'eſt pas
une choſe fort facile à acquerir, que ce milieu
que je recommande tant.   Helas! il n'y a rien
de ſi difficile; c'eſt une affaire qui demande de
grands ſoins & de grands travaux.   Vous trou-
verez des hommes qui ſeront capables de gouverner heureuſement les Royaumes de la terre.   Vous en verrez qui auront aſſez de mag-
nanimité, pour réfuſer les dignitez & les avantages les plus conſidérables: il y en aura même
qui auront aſſez de courage pour marcher ſur
des épées toutes nuës: mais que vous en trou-
verez peu, qui ſoient capables de tenir un juſte
milieu! Qu'il faut d'adreſſe, qu'il faut de travail,

vail, qu'il faut de courage, qu'il faut de vertu, pour y parvenir.

Ce fut à l'occasion de cette morale, qu'un de ses Disciples, qui étoit d'une humeur guerrière & fort ambitieuse, lui demanda en quoi consistoit la valeur, & ce qu'il faloit faire pour mériter le nom de vaillant. Entendez vous parler, répondit Confucius, de la valeur de ceux qui sont dans le Midi, ou de la valeur de ceux qui habitent dans le Septentrion, ou bien de la valeur de mes Disciples, qui s'attachent à l'étude de la sagesse? Agir avec douceur dans l'éducation des enfans & des Disciples, avoir de l'indulgence pour eux; supporter patiemment leurs desobéïssances & leurs defauts, voilà en quoi consiste la valeur des habitans du Midi. Par cette valeur ils surmontent leur temperament violent, & soûmettent à la droite raison leurs passions, qui sont ordinairement violentes. Coucher sans crainte dans un camp, reposer tranquillement, au milieu du terrible appareil d'une armée; voir devant ses yeux mille morts, sans s'effrayer; ne s'ennuyer point même de cette sorte de vie, s'en faire un plaisir: voilà ce que j'appelle la valeur des hommes du Septentrion. Mais comme d'ordinaire, il y a en tout cela beaucoup de temerité, & que le plus souvent on ne s'y regle gueres, sur ce milieu que tout le monde devroit rechercher, ce n'est point cette sorte de valeur que je demande

de

de mes Diſciples. Voici que doit être leur
caractére.

Un homme parfait, (car enfin, il n'y a que
les hommes parfaits, qui puiſſent avoir une véritable valeur,) un homme parfait doit toûjours être occupé, à ſe vaincre lui même.   Il
doit s'accommoder aux mœurs, & à l'eſprit des
autres ; mais comme il doit être toûjours maître de ſon cœur, & de ſes actions, il ne doit
jamais ſe laiſſer corrompre, par la converſation
ou les exemples des hommes lâches & effemi-
nez, il ne doit jamais obéïr, qu'il n'ait exa-
miné auparavant ce qu'on lui commande ; il ne
doit jamais imiter les autres, ſans diſcernement.
Au milieu de tant d'inſenſez & de tant d'aveu-
gles, qui marchent à travers champs, il doit
marcher droit, & ne pancher vers aucun parti :
c'eſt la véritable valeur.   De plus, ſi ce même
homme eſt appellé à la Magiſtrature, dans un
Royaume où la vertu eſt conſiderée, & qu'il ne
change point de mœurs, quelque grands que
ſoient les honneurs, auxquels il eſt élevé ; s'il y
conſerve toutes les bonnes habitudes, qu'il avoit
lors qu'il n'étoit que particulier ; s'il ne ſe
laiſſe pas emporter à la vanité, & à l'orgueil, cét
homme-là eſt veritablement vaillant : *ah ! que
cette valeur eſt grande !* Que ſi au contraire, il
eſt dans un Royaume, où la vertu & les Loix
ſoient mépriſées, & que dans la confuſion &
le deſordre qui y regnent, il ſoit lui même
preſ-

preffé de la pauvreté, affligé, reduit même à perdre la vie, mais que cependant, au milieu de tant de miféres, il demeure ferme, il con-ferve toute l'innocence de fes mœurs, & ne change jamais de fentimens, *ah! que cette valeur eft grande & illuftre!* Au lieu donc de la valeur des païs Meridionaux, ou de celle du Septentrion, je demande, & j'attends de vous, mes chers Difciples, une valeur de la Nature de celle dont je viens de parler.

Voici quelque chofe que dit Confucius, qui n'eft pas moins remarquable. Il y a, dit-il, des gens qui paffent les bornes de la médiocrité, en affectant d'avoir des vertus extraordinaires: ils veulent que dans leurs actions il y ait toûjours du merveilleux, afin que la pofterité les loüe & les exalte. Certes, pour moi je ne m'en-têterai jamais de ces actions éclattantes, où la vanité & l'amour propre ont toûjours plus de part que la vertu. Je ne veux fçavoir & prati-quer, que ce qu'il eft à propos de fçavoir, & de pratiquer par tout.

Il y a quatre Régles, fur lefquelles l'homme parfait fe doit conformer. 1. Il doit pratiquer lui même à l'égard de fon pere, ce qu'il exige de fon fils. 2. Il doit faire paroitre dans le fer-vice de fon Prince, la même fidelité qu'il deman-de de ceux qui lui font foûmis. Il doit agir, à l'égard de fon aîné, de la même maniére qu'il veut que fon cadet agiffe à fon égard. 4. En-

D 3   fin,

fin, il en doit uſer envers ſes amis, comme il
ſouhaite que ſes amis en uſent envers lui.
L'homme parfait s'acquite continüellement de
ces devoirs, quelque communs qu'ils paroiſ-
ſent. S'il vient à s'appercevoir qu'il ait man-
qué en quelque choſe, il n'eſt point en repos
qu'il n'ait reparé ſa faute; s'il reconnoit qu'il
n'a pas rempli quelque devoir conſidérable, il
n'y a point de violence qu'il ne ſe faſſe pour le
remplir parfaitement. Il eſt moderé & retenu
dans ſes diſcours, il ne parle qu'avec circon-
ſpeaction: s'il lui vient une grande affluence de
paroles, il ne l'oſe pas étaler, il s'arrete: en
un mot, il eſt à lui même un ſi rigoureux cenſeur, qu'il n'eſt point en repos que ſes paroles
ne répondent à ſes actions, & ſes actions à ſes
paroles. Or le moyen, s'écrie-t-il, qu'un
homme qui eſt parvenu à cette perfection n'ait
une vertu ſolide & conſtante!

Cuſu ajoute ici à la Doctrine de ſon Maître
une Morale digne de la méditation de ceux qui
déſirent ſe perfectionner. L'homme parfait,
dit ce digne Diſciple d'un ſi grand Philoſophe,
l'homme parfait ſe conduit ſelon ſon état pré-
ſent, & ne ſouhaite rien au delà. S'il ſe trouve
au milieu des richeſſes, il agit comme un homme riche, mais il ne s'adonne pas aux voluptez illicites; il evite le luxe, il n'a nul orgueil,
il ne choque perſonne. S'il eſt dans un état
pauvre & contemtible, il agit comme doit
agir

agir un homme pauvre & méprisé ; mais il ne fait rien d'indigne d'un homme grave, & d'un homme de bien. S'il est éloigné de son païs, il se conduit comme un étranger se doit conduire ; mais il est toûjours semblable à lui même. S'il est dans l'affliction & dans les souffrances, il ne brave pas fièrement son destin, mais il a de la fermeté & du courage ; rien ne sçauroit ébranler sa constance. S'il est élévé aux Dignitez de l'Etat, il tient son rang, mais il ne traite jamais avec sévérité ses inférieurs : & s'il se voit au dessous des autres, il est humble, il ne sort jamais du respect qu'il doit à ses supérieurs ; mais il n'achete jamais leur faveur par des lachetez & des flateries. Il employe tous ses soins à se perfectionner lui même, & n'exige rien des autres avec sévérité : c'est pour cela qu'il ne témoigne du mécontentement ni de l'indignation à personne. S'il éleve les yeux vers le Ciel, ce n'est point pour se plaindre de ce qu'il ne lui envoye pas la prosperité, ou murmurer de ce qu'il l'afflige : s'il regarde en bas vers la terre, ce n'est point pour faire des reproches aux hommes, & leur attribuer la cause de ses malheurs & de ses nécessitez ; c'est pour témoigner son humilité, c'est pour dire qu'il est toûjours content de son état, qu'il ne désire rien au delà, & qu'il attend, avec soûmission, & avec un esprit toûjours égal, tout ce que le Ciel ordonnera de luy. Aussi jouït-t-il d'une certai-

ne

ne tranquillité, qui ne sçauroit être bien com-
parée, qu'au sommet de ces montagnes, qui sont
plus élevées que la region, où se forment les sou-
dres & les tempêtes.

Dans la suite de ce livre, il est parlé du respect
profond que les anciens Chinois, & sur tout,
les Rois & les Empereurs, avoient pour leurs péres & pour leurs méres, & de l'obéïssance exacte qu'ils leur rendoient. Si un Roi, disoient-
ils, a du respect pour son pére & pour sa mére,
& leur obéït, certainement il tachera de porter
les Sujets à suivre son exemple ; car enfin, un
homme qui aime la vertu, desire que tous les autres l'aiment aussi, sur tout s'il est de son intéret
qu'ils soient vertueux : or il importe fort à un
Roi, que ses Sujets aiment la vertu & la prati-
quent. En-effet, comment pourroit-il espé-
rer d'être obéï de ses Sujets, s'il refusoit lui-
même d'obeir à ceux qui lui ont donné le jour.
Aprés tout, si un Prince souhaite de porter ses
Sujets à être obéïssans à leurs peres & à leurs
meres, il doit user envers eux de bienveuillan-
ce, & les traiter avec cette tendresse qu'ont les
peres pour leurs enfans ; car on imite volontiers ceux que l'on aime, & dont l'on croit être
aimé. Que si ce Prince, par cette conduite,
porte ses Sujets à obéïr à leurs peres & à leurs
meres, & ensuite à lui obéïr à lui-même, comme à leur pere commun, à plus forte raison
obéïront-ils au Ciel, d'où viennent les couron-

nes & les Empires ; au Ciel, qui eſt le Pere ſou-
verain de tous les hommes. Et qu'arrivera-t-il
de cette obeiſſance ? Il arrivera que le Ciel ré-
pandra ſes bénédictions, ſur ceux qui s'en feront
ſi bien aquitez. Il récompenſera abondamment
une ſi belle vertu, il fera régner par tout la paix
& la concorde ; ſi bien que le Roi & ſes Sujets
ne ſembleront qu'une ſeule famille, où les Sujets obéïſſant à leur Roi, comme à leur pere, &
le Roi aimant ſes Sujets, comme ſes enfans, ils
menéront tous, comme dans une ſeule maiſon,
mais une maiſon riche, magnifique, réglée &
commode, la vie la plus heureuſe, & la plus douce que l'on puiſſe imaginer.

Pour retourner à Confucius, comme il ſça-
voit que les exemples des Rois font une grande
impreſſion ſur les eſprits, il propoſe encore celui de l'Empereur *Xun*, à l'égard de l'obéïſſance que les enfans doivent à leurs peres, & à leurs
méres. *O que l'obéïſſance de cét Empereur a été
grande !* S'écrie Confucius. Auſſi, continüe-
t-il, s'il a obtenu du Ciel la couronne Imperia-
le, c'eſt la récompenſe de cette vertu. C'eſt
cette vertu qui lui a procuré tant de revénus,
ces richeſſes immenſes, & ces grands Royaumes qui n'ont pour bornes que l'Ocean. C'eſt
cette vertu, qui a rendu par tout le Monde ſon
nom ſi célébre. Enfin, je ne doute point que
cette longue & douce vie, dont il a joüi, ne
doive être regardée comme une récompenſe de

cette vertu. A entendre parler ce Philofophe,
ne diroit-on pas qu'il avoit lû le Décalogue, &
qu'il fçavoit la promeffe que Dieu y a faite, à
ceux qui honoreront leur péres & leur méres.
Mais fi, par ce que vient de dire Confucius, il
femble que le Décalogue ne lui fût pas inconnu,
il femblera bien mieux qu'il connoiffoit les
Maximes de l'Evangile, lors qu'on aura vû ce
qu'il enfeigne touchant la charité, qu'il dit qu'il
faut avoir pour tous les hommes.

Cét amour, dit-il, qu'il faut avoir pour tous
les hommes du monde, n'eft point quelque chofe d'étranger à l'homme, c'eft l'homme lui-
même, ou, fi vous voulez, c'eft une proprié-
té naturelle de l'homme, qui luy dicte qu'il
doit aimer généralement tous les hommes. Cependant, aimer par deffus tous les hommes, fon
pere & fa mere, c'eft fon premier & principal
devoir, de la pratique duquel il va enfuite,
comme par degrez, à la pratique de cét amour
univerfel, qui a pour objet tout le genre humain.
C'eft de cét amour univerfel que vient la juftice diftributive, cette juftice, qui fait qu'on
rend à chacun ce qui lui appartient, & que fur
tout on cherit & honore les hommes fages, &
d'une probité exacte, & qu'on les éleve aux
Charges & aux Dignitez de l'Etat. Cette différence, qui eft entre l'amour qu'on a pour fon
pere & pour fa mere, & celui que nous avons
pour les autres, entre l'amour qu'on a pour les
hom--

hommes vertueux & habiles, & celui qu'on a
pour les hommes qui n'ont pas tant de vertu ni
d'habileté; cette différence, dis-je, eft comme une harmonie, comme une Symmetrie de devoirs que la raifon du Ciel a gardée, & à laquelle il ne faut rien changer.

Confucius propofe cinq Régles pour la conduite de la vie, qu'il appelle Régles univerfel-
les. La première regarde la juftice qui doit être
pratiquée entre un Roi & fes Sujets; La fecon-
de regarde l'amour qui doit être entre un pere
& fes enfans. La troifiéme recommande la foi
conjugale aux maris & aux femmes. La quatriéme concerne la fubordination qui fe doit
trouver entre les aînez & les cadets. La cinquiéme oblige les amis à vivre dans la concorde, dans une grande union, & à fe rendre office reciproquement. Voilà, ajoûte-t-il, les
cinq Régles générales, que tout le monde doit
obferver; voilà comme cinq chémins publics,
par lefquels les hommes doivent paffer. Mais
aprés tout, on ne peut obferver ces Régles, fi
l'on n'a ces trois vertus, *la prudence*, qui fait di-
fcerner ce qui eft bon d'avec ce qui eft mauvais, *l'amour univerfel*, qui fait que l'on aime
tous les hommes, & *cette fermété* qui fait per-
féverer conftamment dans l'attachement au
bien, & dans l'averfion pour le mal. Mais de
peur que quelques perfonnes timides ou peu
éclairées dans la Morale ne s'imaginaffent, qu'il
leur

leur feroit impoſſible d'aquérir ces trois vertus,
il aſſûre, qu'il n'y a perſonne qui ne les puiſſe
aquerir, que l'impuiſſance de l'homme n'eſt
que volontaire. Quelque groſſier que ſoit un
homme, quand même, dit-il, il feroit ſans
nulle expérience, ſi pourtant il déſire d'apprendre, & qu'il ne ſe laſſe point dans l'étude de la
vertu, il n'eſt pas fort éloigné de la Prudence.
Si un homme, quoi que tout plein encore de
ſon amour propre, tache de faire de bonnes actions, le voilà déja tout prés de cét amour uni-
verſel, qui engage à faire du bien à tous les hommes. Enfin, ſi un homme ſent une ſecrette honte, lors qu'il entend parler de choſes ſales & in-
juſtes; s'il ne peut s'empécher d'en rougir, le
voilà fort prés de cette fermété d'ame, qui fait
rechercher avec conſtance le bien, & avoir de
l'averſion pour le mal.

A prés que le Philoſophe Chinois a parlé de
ces cinq Régles univerſelles, il en propoſe neuf
particuliéres pour les Rois, parce qu'il regarde
leur conduite, comme une ſource publique de
bonheur ou de malheur. Les voici. 1. Un Roi
doit travailler ſans ceſſe à orner ſa perſonne de
toutes ſortes de vertus. 2. Il doit honorer &
cherir les hommes ſages & vertueux. 3. Il
doit reſpecter & aimer ceux qui lui ont donné la
naiſſance. 4. Il doit honorer & eſtimer, ceux
de ſes Miniſtres qui ſe diſtinguent par leur habileté, & ceux qui exercent les principales Char-

ges

ges de la Magistrature. 5. Il doit s'accommoder, autant qu'il est possible, aux sentimens & à la volonté des autres Ministres, & de ceux qui ont des emplois un peu moins considérables, il les doit regarder comme ses membres. 6. Il doit aimer son peuple, même le petit peuple, comme ses enfans propres, & prendre part aux divers sujets de joye ou de tristesse, qu'il peut avoir, 7. Il doit tâcher de faire venir dans son Royaume plusieurs habiles ouvriers en toutes sortes d'Arts, pour l'avantage & la commodité de ses Sujets. 8. Il doit recevoir avec bonté & civilité les étrangers & les voyageurs, & les protéger exactement. 9. Enfin, il doit aimer tendrement les Princes, & les Grands de son Empire, & avoir si fort à cœur leurs intérets, qu'ils l'aiment & lui soient toûjours fidéles.

Pour bien entendre la Morale de Confucius, il est nécessaire de dire ici un mot de la distinction qu'il établir entre le *Saint* & le *Sage*. Il attribüe à l'un & à l'autre, en commun, certaines choses : mais aussi il donne au *Saint* des avantages & des qualitez, qu'il dit que le Sage n'a point. Il dit que la raison & que l'innocence, ont été également communiquées au *Sage* & au *Saint*, & même à tous les autres hommes ; mais que le *Saint* ne s'est jamais détourné, tant soit peu, de la droite raison, & qu'il a conservé constamment son integrité, au lieu que le *Sage* ne l'a pas toûjours conservée, n'ayant pas toûjours

jours fuivi la lumiére de la raifon , à caufe de divers obftacles qu'il a rencontré dans la pratique
de la vertu, & fur tout, à caufe de fes paffions,
dont il s'eft rendu l'efclave. De forte qu'il eft
néceffaire, qu'il faffe de grands efforts, qu'il
employe de grands travaux & de grands foins,
pour mettre fon cœur dans un bon état, & fe
conduire felon les lumiéres de la droite raifon,
& les régles de la vertu.

Cufu raifonnant là-deffus, pour faire encore
mieux entendre la Doctrine de fon Maître,
compare ceux qui ont perdu leur premiére integrité, & qui défirent la recouvrer, à ces arbres tout fecs & prefque morts qui ne laiffent
pas pourtant d'avoir, dans le tronc & dans les
racines, un certain fuc, un certain principe de
vie, qui fait qu'ils pouffent des rejettons. Si,
dit-il, on a foin de ces arbres, fi on les culti-
ve, fi on les arrofe, fi on en retranche tout ce
qui eft inutile, il arrivera que cét arbre repren-
dra fon premier état. De même, quoique l'on
ait perdu fa premiere integrité, & fon innocence, l'on n'a qu'à exciter ce qui refte de bon,
qu'à prendre de la peine, qu'à travailler; &
infailliblement l'on parviendra à la plus haute vertu. Ce dernier état, dit *Cufu*, cét
état du *Sage* s'appelle *Gintao*, c'eft-à-dire, *le
chemin, & la raifon de l'homme*, ou bien, le
chemin qui conduit à l'origine de la premiére
perfection. Et l'état du *Saint*, s'appelle *Tien tao*,
c'eft-

c'eſt-à-dire, *la raiſon du Ciel*, ou la premiere Régle que le Ciel a donnée également à tous les hommes, & que les *Saints* ont toûjours obſervée, ſans s'en détourner, ni à droite ni à gauche.

Comme les Régles contiennent en abregé les principaux devoirs, & qu'on peut les retenir aiſément, Confucius en donne cinq à ceux qui veulent choiſir le bien, & s'y attacher. 1. Il faut tacher de connoître, d'une maniére exacte & étenduë, les cauſes, les proprietez, & les différences de toutes choſes. 2. Parce que parmi les choſes que l'on connoit, il y en peut avoir que l'on ne connoit pas parfaitement, il les faut examiner avec ſoin, les conſiderer en detail & dans toutes leurs circonſtances, & enfin conſulter les hommes ſages, intelligens & experimentez. 3. Quoi qu'il ſemble que nous concevions clairement certaines choſes, néanmoins parce qu'il eſt aiſé de pécher, par précipitation, dans le trop, ou dans le trop peu, il eſt néceſſaire de méditer enſuite en particulier, ſur les choſes que l'on croit connoître, & de péſer chaque choſe au poids de la raiſon, avec toute l'attention d'eſprit dont on eſt capable, avec la derniére exactitude. 4. Il faut tâcher de ne concevoir pas les choſes, d'une maniére confuſe, il faut en avoir des idées claires, en ſorte que l'on puiſſe diſcerner ſûrement le bien d'avec le mal, le vray d'avec le faux. 5. Enfin,

fin , aprés qu'on aura obfervé toutes ces chofes , il en faut venir à l'action , agir fincére-
ment & conftamment , & executer , de toutes
fes forces , les bonnes réfolutions que l'on aura
prifes.

Nous ne fçaurions mieux finir ce livre, que par
ces belles paroles de *Cufu* : Prenez garde , dit-
il , comment vous agiffez , lors que vous étes
feul. Quoi que vous vous trouviez dans l'endroit le plus réculé , & le plus caché de vôtre
maifon , vous ne devez rien faire , dont vous
pûffiez avoir honte , fi vous étiez en compagnie
& en public. Voulez-vous , continue-t-il , que
je vous die de quelle maniére fe conduit celui
qui a aquis quelque perfection. Il a une attention continuelle fur lui-même ; il n'entreprend
rien , il ne commence rien , il ne prononce aucune parole , qu'il n'ait auparavant médité.
Avant qu'il s'éléve aucun mouvement dans fon
cœur , il s'obferve avec foin , il réfléchit fur
tout , il examine tout , il eft dans une conti-
nuëlle vigilance. Avant que de parler , il eft con-
vaincu que ce qu'il va dire eft vrai & raifonna-
ble , & il croit qu'il ne fçauroit retirer un plus
doux fruit de fa vigilance , & de fon examen ,
que de s'accoûtumer à fe conduire avec circon-
fpection , & avec retenuë , dans les chofes mêmes qui ne font vûës ni fçûës de perfonne.

L I-

LIVRE TROISIEME.

LE troifiéme Livre de Confucius eft de tout autre caractére que les deux précedens, pour le tour & les expreffions ; mais dans le fond il contient la même Morale. C'eft un tiffu de plufieurs Sentences prononcées en divers tems & en divers lieux, par Confucius luimême & par fes Difciples. Auffi eft-il intitulé *Lún yù*, c'eft-à-dire, *Entretiens de plufieurs perfonnes qui raifonnent, & qui philofophent enfemble.*

On y voit d'abord un Difciple de ce célébre Philofophe, qui déclare, qu'il ne fe paffe point de jour qu'il ne fe rende conte à lui même de ces trois chofes. 1. S'il n'a point entrepris quelque affaire pour autrui, & s'il l'a conduite & pourfuivie avec la même fidélité & avec la même ardeur, que fi ç'eut été fon affaire propre. 2. Si lorfqu'il a été avec fes amis, il leur a parlé avec fincerité ; s'il ne s'eft point contenté de leur faire paroître, quelque vaine apparence de bienveillance & d'eftime. 3. S'il n'a point médité la Doctrine de fon Maître, & fi aprés l'avoir méditée, il n'a pas fait, pour la mettre en pratique, tous les efforts dont il eft capable.

Confucius y paroit enfuite, donnant des leçons à fes Difciples. Il leur dit, que le Sage

E   doit

doit être si occupé de sa vertu, que lors même qu'il est dans sa maison, il n'y doit pas chercher ses commoditez & ses délices ; que quand il entreprend quelque affaire, il doit être diligent & exact, prudent & avisé dans ses paroles, & que quoi qu'il ait toutes ces qualitez, il doit être pourtant celui à qui il doit se fier le moins ; celui à qui il doit le moins plaire ; qu'en un mot, le Sage, se défiant toûjours de soi-même, doit consulter toûjours, ceux dont la vertu & la sagesse lui sont connuës, & régler sa conduite & ses actions sur leurs conseils & sur leurs exemples.

Que pensez-vous d'un homme pauvre, lui dit un de ses Disciples, qui pouvant soulager sa pauvreté par la flaterie, refuse de prendre ce parti, & soûtient hardiment qu'il n'y a que les lâches qui flatent ? Que pensez-vous d'un homme riche, qui tout riche qu'il est, est sans orgueil ? Je dis, répond Confucius, qu'ils sont tous deux dignes de loüange, mais qu'il ne faut pas pourtant les regarder, comme s'ils étoient parvenus au plus haut degré de la vertu. Celui qui est pauvre doit être joyeux & content au milieu de son indigence ; Voilà en quoi consiste la vertu du pauvre : & celui qui est riche doit faire du bien à tout le monde. Celui, continue-t-il, qui a le cœur bas & mal fait, ne fait du bien qu'à certaines personnes ; certaines passions, certaines amitiez particulieres le font

agir,

agir, son amitié est interessée : il ne seme ses biens que dans la vûe d'en recueillir plus qu'il n'en séme ; il ne cherche que son propre inté-ret : Mais l'amour de l'homme parfait est un amour universel , un amour qui a pour objet tous les hommes. Un soldat du Royaume de *Cî*, lui disoit-on un jour, perdit son bouclier, & l'ayant cherché long-tems inutilement , il se consola enfin, par cette reflexion, de la perte qu'il avoit faite. *Un soldat a perdu son bouclier, mais un soldat de nôtre camp l'aura trouvé , il s'en servira.* Il auroit bien mieux parlé, dit alors Confucius, s'il eut dit, *un homme a perdu son bouclier, mais un homme le trouvera;* voulant donner à entendre qu'il faloit avoir de l'affe-ction pour tous les hommes du Monde.

Confucius avoit l'ame tendre , comme on en peut juger, par ce que nous venons de dire, mais il l'avoit grande & élevée. Les anciens Chinois enseignoient, qu'il y avoit deux Ge-nies qui presidoient dans leurs maisons , l'un appellé *Ngao* & l'autre *Cao*. Le premier étoit regardé comme le Dieu tutelaire , de toute la famille , & le dernier n'étoit que le Dieu du Foyer. .Cependant , quoi que le dernier de ces Genies fût fort inferieur au premier, on luy rendoit de plus grands honneurs, qu'à celui qui avoit sous sa protection toutes les affaires domestiques : & il y avoit même un Proverbe qui disoit, *qu'il valoit mieux rechercher la pro-*

tection

tection de *Cao*, *que celle de Ngao*. Comme
cette préference avoit quelque chose de fort sin-
gulier, & qu'elle sembloit même choquer, en
quelque maniére, ceux qui étoient élevez aux
grandeurs, dans les Cours des Princes; Confucius étant dans le Royaume de *Guéi*, & se
rencontrant un jour avec un Prefet, qui avoit
une grande autorité dans ce Royaume, ce Miniftre, enflé de l'éclat de sa fortune, ayant crû
que le Philosophe avoit dessein d'obtenir quelque faveur du Roi, lui démanda, par maniére
de raillerie, ce que signifioit ce Proverbe, qui
étoit dans la bouche de tout le peuple, *il vaut*
mieux rechercher la protection de Cao, que celle de
Ngao. Confucius qui vid bien d'abord, que le
Prefet lui vouloit faire comprendre, par cette
question, qu'il devoit s'adresser à lui, s'il vouloit obtenir ce qu'il désiroit du Roi son Maître,
qui en même tems fit cette reflexion, que pour
gagner les bonnes graces du favori d'un Prince,
il faut encenser jusqu'à ses defauts, & s'abbais-
ser à des complaisances indignes d'un Philosophe, lui dit, sans detour, qu'il étoit entiérement éloigné des maximes du siécle; qu'il ne
s'adresseroit point à lui, de quelque adresse qu'il
se fût servi, pour lui faire connoître qu'il le devoit faire : & pour l'avertir en même tems, que
quand il répondroit à sa question, de là maniére
qu'il le pourroit souhaiter, il n'en pourroit tirer aucun avantage, il lui dit, *que celui qui*
avoit

avoit peché contre le Ciel, ne s'adreſſoit qu'au Ciel :
car ajouta-t-il, à qui ſe pourroit-il adreſſer pour
obtenir le pardon de ſon crime, puis qu'il n'y a
aucune Divinité qui ſoit au deſſus du Ciel.

Confucius ne recommande rien tant à ſes
Diſciples, que la douceur & la debonnaireté ;
fondé toûjours ſur cette Maxime, que l'on doit
aimer tous les hommes. Et pour leur faire
mieux ſentir la verité de ce qu'il leur dit, il
leur parle de deux illuſtres Princes, qui s'étoient
fait diſtinguer par cét endroit là dans le Royaume de *Cucho*. Ces Princes, leur dit-il, étoient
ſi doux & ſi debonnaires, qu'ils oublioient,
ſans ſe faire effort, les injures les plus atroces,
& les crimes pour leſquels ils avoient le plus
d'horreur, lorſque ceux qui les avoient commis donnoient quelque marque de repentance.
Ils regardoient ces criminels, tout dignes des
derniers ſupplices qu'ils étoient, de la même
maniére que s'ils euſſent été toûjours innocens ;
ils n'oublioient pas ſeulement leurs fautes, mais
par leur procedé, ils faiſoient que ceux qui les
avoient commiſes, pouuoient les oublier eux
mêmes, en quelque façon, & perdre une partie
de la honte qui demeure aprés les grandes chû-
tes, & qui ne peut que décourager, dans le chemin de la vertu.

Comme l'un des grands deſſeins de ce Philoſophe étoit de former les Princes à la vertu, &
de leur enſeigner l'art de Regner heureuſement,

il

il ne faifoit pas difficulté de s'adreffer directe-
ment à eux, & de leur donner des avis. Un Prince, difoit-il un jour à un Roi de *Lu* appellé
Timcum, un Prince doit être moderé, il ne
doit méprifer aucun de fes Sujets, il doit récom-
penfer ceux qui le méritent. Il y a des Sujets qu'il
doit traiter avec douceur & d'autres avec févéri-
té ; il y en a fur la fidelité defquels il fe doit re-
pofer, mais il y en a auffi, dont il ne fçauroit fe
défier affez.

Confucius veut même que les Princes ne fou-
haitent rien de ce que les autres hommes fou-
haitent, quoy que ce foient quelquefois des
biens, qu'il femble qu'ils pourroient défirer fans
crime. Il veut qu'ils foulent aux piés, pour ainfi
dire, tout ce qui peut faire la félicité des mortels fur la terre ; & que fur tout ils regardent les
richeffes, les enfans, & la vie même, comme
des avantages qui ne font que paffer, & qui par-
conféquent ne peuvent pas faire la félicité d'un
Prince. L'Empereur *Yao*, dit ce Philofophe,
s'étoit conduit par ces Maximes, & fous la conduite d'un fi bon guide, il étoit parvenu à une
perfection où peu de mortels peuvent atteindre :
car on peut dire, qu'il ne voyoit au deffus de lui
que le Ciel, auquel il s'étoit entiérement con-
formé. Ce Prince incomparable, ajoûta-t-il,
vifitoit, de tems en tems, les Provinces de fon
Empire ; & comme il étoit les délices de fon
peuple, un jour ayant été rencontré par une
trou-

troupe de fes Sujets, ces Sujets, aprés l'avoir appellé leur Empereur & leur pére, & avoir fait éclater toute leur joye, à la vûe d'un si grand Prince, s'écriérent à haute voix, pour joindre des vœux à leurs acclamations, *Que le Ciel te comble de richeffes ! qu'il t'accorde une famille nombreufe ! & qu'il ne te raviffe à ton peuple, que tu ne fois raffafié de jours !* Non, répondit l'Empereur, pouffez d'autres vœux vers le Ciel. *Les grandes richeffes produifent les grands foins & les grandes inquiétudes : le grand nombre d'enfans produit les grandes craintes : & une longue vie n'eft ordinairement qu'une longue fuite de maux.* Qu'il fe trouve peu d'Empereurs qui foient femblables à *Yao,* s'écrie aprés cela Confucius.

Ce qui fait ordinairement de la peine aux Rois, ce qui redouble, en quelque maniere, le poids du fardeau qui eft attaché à leur couronne, c'eft ou le peu de Sujets fur lefquels ils regnent, ou le peu de richeffes qu'ils poffedent : car enfin tous les Rois ne font pas de grands Rois, tous les Rois n'ont pas de vaftes Royaumes, & des richeffes exceffives. Mais Confucius croit, qu'un Roi eft trop ingenieux à fe tourmenter, lorfque ces réflexions font capables de lui caufer la moindre trifteffe. Il dit qu'un Roi a affez de Sujets, lorfque fes Sujets font contens ; & que fon Royaume eft affez riche, lorfque la concorde & la paix y regnent.

La paix & la concorde, dit ce Philosophe, *sont les meres de l'abondance.*

Enfin Confucius enseigne, en parlant toûjours des devoirs des Princes, qu'il est si nécessaire qu'un Prince soit vertueux, que lors qu'il ne l'est point, un Sujet est obligé par les Loix du Ciel, de s'exiler volontairement, & d'aller chercher une autre Patrie.

Il se plaint quelquefois des desordres des Princes; mais le grand sujet de ses plaintes, est les desordres des particuliers. Il soûpire des mœurs de son siécle; il dit, qu'il ne voit presque personne qui se distingue, ou par la vertu, ou par quelque qualité extraordinaire; que tout est corrompu, que tout est gâté, & que c'est principalement parmi les Magistrats & les Courtisans que la vertu est négligée. Il est vrai que Confucius semble quelquefois outrer les choses. En effet, c'étoit peu pour ce Philosophe, lors qu'il ne se trouvoit dans la Cour d'un Prince, que dix ou douze personnes d'une sagesse éclatante; Il crioit, *ô tems, ô mœurs!* il gemissoit. Sous le regne de *Vuvam*, il y avoit dix hommes d'une vertu & d'une suffisance consommées, sur lesquels cét Empereur se pouvoir reposer de toutes les affaires de l'Empire : cependant Confucius se récrioit sur un si petit nombre, en disant, que les grands dons, la vertu & les qualitez de l'esprit, étoient des choses fort rares dans son siécle. Il avoit fait les mêmes plaintes à l'égard de l'Eml'Empereur *Zun* , le premier de la famille de *Cheu* , quoy que ce Prince eut alors cinq Prefets , du merite desquels l'on peut juger par l'histoire de l'un de ces Ministres , qui étoit appellé *Yu.*

Ce Sage Ministre a rendu sa mémoire immortelle parmi les Chinois, non seulement parce que ce fût lui, qui trouva le secret d'arrêter ou de détourner les eaux qui inondoient tout le Royaume , & qui le rendoient presque inhabitable , mais parce qu'étant devenu Empereur, il vécut toûjours en Philosophe. Il étoit d'une famille illustre ; car il pouvoit conter des Empereurs parmi ses Ayeux ? Mais si par la décadence de sa maison, il étoit déchu des pretentions qu'il pouvoit avoir sur l'Empire , sa sagesse & sa vertu, lui aquirent ce que la fortune avoit refusé à la noblesse de son extraction. l'Empereur *Run* avoit si bien reconnu son merite, qu'il l'associa à l'Empire : & dix-sept ans aprés, il le déclara son legitime Successeur, à l'exclusion de son propre fils. *Yu* refusa cét honneur ; mais comme il s'en défendoit en vain , & que sa générosité souffroit, dans les pressantes sollicitations qui lui étoient faites de toutes parts, il se déroba aux yeux de la Cour, & alla chercher une retraite dans une caverne : mais n'ayant pû se cacher si bien qu'il ne fut enfin decouvert dans les rochers de sa solitude , il fut élevé malgré lui sur le trône de ses Ancêtres. Jamais trô-

E 5

ne n'a été plus acceſſible que celuy de ce Prince
jamais Prince n'a été plus affable.　On dit qu'il
quita un jour juſqu'à dix fois ſon repas, pour
voir les requêtes qu'on lui préſentoit, ou écou-
ter les plaintes des miſérables ; & qu'il quittoit
même ordinairement ſon bain, lors qu'on lui demandoit audience.　Il regna dix ans avec tant de
bonheur, avec tant de tranquilité, & dans une
ſi grande abondance de toutes choſes, qu'on
peut dire certainement de ce ſiécle, que c'étoit
un ſiécle d'or. *Yu* avoit cent ans lors qu'il mourut ; & il mourut, comme il avoit vécu : car
preferant les intérets de l'Empire aux intérets de
ſa famille, il ne voulut pas que ſon fils luy ſuc-
cedât, il donna la couronne à un de ſes Sujets,
dont la vertu luy étoit connüe.　Un Prince eſt
heureux, ſans doute, lors qu'il peut quelquefois ſe decharger des ſoins qui l'accablent ſur
un tel Miniſtre : & *Zun* ne pouvoit que l'être,
puis qu'il en avoit cinq tout à la fois tous, dignes d'être aſſis ſur le trône : mais ce nombre
n'étoit pas aſſez grand pour Confucius, c'eſt ce
qui le faiſoit ſoupirer.

　　Confucius dit qu'un Prince ne doit jamais
accepter la couronne au préjudice de ſon pére,
quelque indigne que ſon pére en ſoit ; que c'eſt
un des plus grands crimes dont un Prince puiſſe
être capable : & cela lui donne occaſion de faire
deux petites hiſtoires qui ſont admirablement à
ſon ſujet.

Lim-

Limcum, dit ce Philofophe, étoit un Roi de
Guéi qui fe maria en fecondes noces. Comme la chafteté n'eft pas toûjours le partage des
Princefles, la Reine eut des commerces illegi-
times, avec un des Grands de fa Cour : & cela
ne s'étant pas fait avec fi peu d'éclat, qu'un des
fils du premier lit de *Limcum* n'en eut connoiffance, ce jeune Prince, jaloux de l'honneur de
fon pére, en eut tant de reffentiment, qu'il fit
deffein de tüer la Reine, il ne cacha pas même
fon deffein. L'adroite & criminelle Princefle,
qui fe vit découverte, & qui avoit beaucoup
d'afcendant fur l'efprit de fon vieux Epoux, allégua des raifons fi plaufibles, pour faire croire
qu'elle étoit innocente, que ce pauvre Prince,
loin d'ouvrir les yeux à la verité, exila fon fils :
Mais comme les enfans ne font pas coupables
des crimes des péres, il retint *Ché* auprés de
lui : c'étoit le fils du Prince difgracié. *Limcum* mourut quelque tems aprés. Le peuple
rappella le Prince que les defordres de la Reine
avoient fait bannir : & il alloit recevoir la Couronne, mais fon lache fils s'y oppofa, alle-
guant que fon pére étoit un parricide : il leva
des armées contre lui, & fe fit proclamer Roi
par le peuple.

Les fils d'un Roi de *Cucho*, continue-t-il,
n'en uferent pas de cette maniére ; voici un exemple memorable. Ce Roi, dont nous ferons
en deux mots l'hiftoire, eut trois fils : & comme

me les péres, ont quelquefois plus de tendreſſe
pour les plus jeunes de leurs enfans, que pour
les autres, celui-ci en eut tant pour le dernier
que le Ciel lui avoit donné, que quelques jours
avant que de mourir, il le nomma pour ſon Succeſſeur, à l'excluſion de ſes autres fréres. Ce
procédé étoit d'autant plus extraordinaire, qu'il
étoit contraire aux Loix du Royaume. Le peuple crût, aprés la mort du Roi, qu'il pouvoit en-
treprendre ſans crime, d'élever ſur le trône l'aîné de la famille Royale. Cela s'exécuta comme le peuple l'avoit projetté : & cette action
fut généralement approuvée. Il n'y eut que
le nouveau Roi, qui ſe reſſouvenant des der-
niéres paroles de ſon pére, n'y voulut jamais
donner les mains. Ce généreux Prince prît la
Couronne qu'on lui préſentoit, la mit ſur la tête de ſon jeune frére, & déclara hautement
qu'il y renonçoit, & que même il s'en croyoit
indigne, puis qu'il en avoit été exclus par la
volonté de ſon pére, & que ſon pére ne pouvoit plus retracter ce qu'il avoit dit. Le frére,
touché d'une action ſi héroique, le conjura dans
le moment, de ne s'oppoſer pas à l'inclination de
tout un peuple qui déſiroit qu'il regnat ſur lui.
Il lui allégua que c'étoit lui ſeul, qui étoit le legitime Succeſſeur de la Couronne qu'il mépriſoit ; que leur pére ne pouvoit pas violer les loix
de l'Etat ; que ce Prince s'étoit laiſſé ſurprendre
à une trop grande tendreſſe, & qu'en un mot,

c'é-

c'étoit, en quelque maniére, aux peuples à redreffer les loix de leurs Rois, lors qu'elles n'é-
toient pas équitables. Mais rien ne fut capable
de lui perfuader qu'il pouvoit s'oppofer aux vo-
lontez de fon pére. Il y eut, entre ces deux Princes, une loüable Conteftation ; aucun ne voulut
prendre la Couronne : & comme ils virent bien
l'un & l'autre, que cette conteftation dureroit
long-tems, ils fe retirerent de la Cour ; & vain-
cus & victorieux tout enfemble, ils allerent
finir leurs jours dans le repos d'une folitude, &
laiflerent le Royaume à leur frere. Ces Princes, ajoute-t-il, cherchoient la vertu; mais
ils ne la cherchérent pas en vain, ils la trouverent.

Il fait, de tems-en-tems, de petites hiftoires de cette nature, où l'on voit éclater par tout
une générofité Héroïque. On y voit les femmes du peuple, & même de grandes Princeffes,
qui aiment mieux fe laiffer mourir, ou fe donner la mort de leurs propres mains, que d'ê-
tre expofées aux violences de leurs ravifleurs.
On y voit des Magiftrats fe démettre des plus
grands emplois, pour fuïr les defordres de la
Cour; des Philofophes cenfurer les Rois fur
leur Trône, & des Princes qui ne font pas difficulté de vouloir mourir, pour appaifer la colére
du Ciel, & procurer la paix à leurs peuples.

Aprez cela Confucius enfeigne de quelle
maniére on doit enfevelir les morts : & comme

ce-

cela fe faifoit de fon tems, avec beaucoup de magnificence, il blame dans les pompes funébres,
tout ce qui fent tant foit peu l'oftentation, &
le blame même d'une maniére aflez aigre.   En
effet, un de fes Difciples étant mort, & ce Difciple ayant été enfeveli avec la magnificence
ordinaire, il s'êcria dés qu'il le fçût. *Lors*
que mon Difciple vivoit il me regardoit comme
fon pére, & je le regardois comme mon fils :
mais aujourd'hui le puis je regarder comme mon
fils, il a été enfeveli comme les autres hommes.

Il défend de pleurer les morts avec excez, &
fi, forcé par fa propre douleur, il a verfé des
larmes pour ce même Difciple, il avoüe qu'il
s'eft oublié; qu'à la verité, les grandes douleurs n'ont point de bornes, mais que le Sage
ne doit point être furmonté par la douleur ; que
c'eft une foibleffe en lui, que c'eft un crime.

Il donne de grandes loüanges à quelques uns
de fes Difciples, qui, au milieu de la plus grande
pauvreté, étoient contens de leur deftinée, &
contoient pour de grandes richeffes les Vertus
naturelles qu'ils avoient reçûes du Ciel.

Il declame contre l'orgeuil, contre l'amour
propre, contre l'indifcretion, contre la ridicule
vanité de ceux qui affectent de vouloir être Maîtres par tout, contre ces hommes remplis d'eux
mêmes qui pronent à tous momens leurs actions, contre les grands parleurs : & faifant
en-

enfuite le portrait du Sage, par oppofition à ce qu'il vient de dire, il dit que l'humilité, la modeftie, la retenuë & l'amour du prochain, font des vertus qu'il ne fçauroit negliger un moment, fans fortir de fon Caractere.

Il dit qu'un homme de bien ne s'afflige jamais, & qu'il ne craint rien; qu'il méprife les injures, qu'il n'ajoute jamais foi à la médifance; qu'il n'écoute pas même les rapports.

Il foûtient que les fupplices font trop frequens; que fi les Magiftrats étoient gens de bien, les méchans conformeroient leur vie à la leur, & que fi les Princes n'élevoient aux Dignitez que des perfonnes diftinguécs par leur probité & par une vie exemplaire, tout le monde s'attacheroit à la vertu, parce que les grandeurs, étant des biens que tous les hommes défirent naturellement, chacun voulant les poffeder, chacun tâcheroit de s'en rendre digne.

Il veut qu'on fuye la pareffe; qu'on foit compofé, qu'on ne précipite point fes réponfes; & que fe mettant au deffus de tout, on ne fe faffe jamais une peine, ou de ce que l'on eft méprifé, ou de ce que l'on n'eft point connu dans le Monde.

Il compare les hypocrites à ces fçelerats, qui pour mieux cacher leurs deffeins aux yeux des hommes, paroiffent fages & modeftes pendant le jour, & qui à la faveur de la nuit volent les maifons, & exercent les plus infames brigandages.

II

Il dit que ceux qui font leur Dieu de leur ventre, ne font jamais rien qui foit digne de l'homme ; que ce font plûtôt des brutes que des Créatures raifonnables : & revenant à la conduite des Grands, il remarque fort bien, que leurs crimes font toûjours plus grands que les crimes des autres hommes. *Zam*, le dernier Empereur de la famille de *Cheu*, dit Confucius à cette occafion, avoit eu une conduite fort irreguliere. Mais quelque irreguliere que fût fa conduite, les defordres de cét Empereur n'étoient pourtant que les defordres de fon fiécle. Cependant, dés qu'on parle de quelque action lâche, de quelque action criminelle & infame, on dit que c'eſt le crime de *Zam*. En voici raifon, *Zam étoit méchant, & Empereur.*

Confucius dit une infinité d'autres chofes de cette nature, qui regardent la conduite de toutes fortes d'hommes : mais comme la plûpart de chofes qu'il dit, ou que fes Difciples difent, font des fentences & des Maximes, ainfi que nous l'avons déja fait fentir, en voici quelques-unes des plus confidérables.

L I-

MAXIMES.

I.

TRavaille à imiter les Sages, & ne te rebute jamais, quelque penible que soit ce travail : si tu peux venir à tes fins : le plaisir que tu goûteras te dedommagera de toutes tes peines.

II.

Lors que tu travailles pour les autres, travaille avec la même ardeur que si tu travaillois pour toi-même.

III.

La vertu, qui n'est point soûtenuë par la gravité, n'acquiert point d'autorité parmi les hommes.

IV.

Souvien-toi toûjours que tu es homme, que la Nature humaine est fragile, & que tu peux aisément succomber, & tu ne succomberas jamais. Mais, si venant à oublier ce que tu es, il t'arrive de succomber, ne perds pas courage pourtant : souvien-toi que tu te peux reléver; qu'il ne tient qu'à toi de rompre les liens qui t'attachent au crime, & de surmonter les obstacles, qui t'empêchent de marcher dans le chemin de la vertu.

F   Prends

V.

Prens garde si ce que tu promets est juste ; car aprés que l'on a promis quelque chose, il n'est point permis de se retracter : on doit toûjours tenir sa promesse.

V I.

Lors que tu fais hommage à quelqu'un, fai que tes soûmissions soient proportionnées à l'hommage que tu lui dois : il y a de la grossiereté & de l'orgeuil à n'en faire pas assez : mais il y a de la bassesse à en faire trop, il y a de l'hypocrisie.

V I I.

Ne mange pas pour le plaisir que tu peux trouver à manger. Mange pour reparer tes forces; mange pour conserver la vie que tu as reçue du Ciel.

V I I I.

Travaille à purifier tes pensées : si tes pensées ne sont point mauvaises, tes actions ne le seront point.

I X.

Le Sage goûte une infinité de plaisirs ; car la vertu a ses douceurs au milieu des duretez qui l'environnent.

X.

Celui qui dans ses études, se donne tout entier au travail, & à l'exercice, & qui néglige la méditation, perd son tems : mais aussi celui qui s'applique tout entier à la méditation & qui
né-

néglige le travail & l'exercice, ne peut que s'é-
garer & se perdre. Le premier ne sçaura jamais rien d'exact, ses lumiéres seront toûjours
mêlées & de ténébres & doutes; & le dernier
ne poursuivra que des ombres; sa science ne
sera jamais sûre, elle ne sera jamais soli-
de. Travaille, mais ne néglige pas la méditation. Medite, mais ne néglige pas le travail.

XI.

Un Prince doit punir le crime, de peur qu'il
ne semble le soûtenir: mais cependant il doit
contenir son peuple dans le devoir, plûtôt par
des effets de clemence, que par des menaces &
des supplices.

XII.

Ne manque jamais de fidélité à ton Prince:
Ne lui cache rien de ce qu'il est de son intéret
de sçavoir; & ne trouve rien de difficile, lors
qu'il s'agira de lui obéir.

XIII.

Lors qu'on ne peut apporter à un mal aucun
reméde: il est inutile d'en chercher. Si par tes
avis & tes remontrances, tu pouvois faire que
ce qui est déja fait, ne le fût point, ton silence
seroit criminel: mais il n'y a rien de plus froid
qu'un conseil, dont il est impossible de profiter.

XIV.

La pauvreté & les miséres humaines sont des

maux

maux en foi, mais il n'y a que les méchans qui
les reffentent. C'eft un fardeau fous lequel ils
gemiffent, & qui les fait enfin fuccomber : ils
fe degoûtent même de la fortune la plus riante.
Il n'y a que le Sage qui foit toûjours content : la
vertu rend fon ame tranquille ; rien ne le trouble, rien ne l'inquiete, parce qu'il ne pratiqué
pas la vertu pour en être récompenfé. La pratique de la vertu eft la feule récompenfe qu'il
efpere.

X V.

Il n'y a que l'homme de bien, qui puiffe
fûrement faire choix, qui puiffe, ou aimer
ou haïr avec raifon & comme il faut.

X V I.

Celuy qui s'applique à la vertu, & qui s'y
applique fortement, ne commet jamais rien
d'indigne de l'homme, ni de contraire à la droite raifon.

X V I I.

Les richeffes & les honneurs font des biens.
Le defir de les poffeder eft naturel à tous les
hommes : mais fi ces biens ne s'accordent pas
avec la vertu, le Sage les doit méprifer, & y
renoncer généreufement. Au-contraire, la
pauvreté & l'ignominie font des maux : l'homme les fuit naturellement. Si ces maux attaquent le Sage, il luy eft permis de s'en déli-
vrer,

vrer, mais il ne lui eft jamais permis de s'en dé-
livrer par un crime.

XVIII.

Je n'ay jamais vû encore d'homme qui fe
félicitât de fa vertu, ou qui fut affligé de fes
defauts & de fes foibleffes ; mais je n'en fuis
point furpris, parce que je voudrois que celuy qui prend plaifir à la vertu , trouvât en
la vertu tant de charmes, qu'il méprifat pour
elle tout ce que le monde a de plus doux:
& au-contraire , que celuy qui a de l'horreur pour le vice, trouvât le vice fi hideux,
qu'il n'y euft rien qu'il ne mit en œuvre pour
fe défendre d'y tomber.

XIX.

Il n'eft pas croyable que celuy qui feroit
tous les efforts dont il eft capable , pour
aquerir la vertu, ne l'aquit enfin, quand même il ne travailleroit qu'un feul jour. Je
n'ay jamais vû d'homme qui n'euft pour cela des forces fuffifantes.

XX.

Celui qui le matin a écouté la voix de la
vertu, peut mourir le foir. Cét homme ne fe
repentira point d'avoir vêcu , & la mort ne
lui fera aucune peine.

Ce

XXI.

Celui qui cherche le faste dans ses habits, & qui n'aime point la frugalité, n'est pas encore disposé pour l'étude de la sagesse : tu ne dois pas même t'en entretenir avec lui.

XXII.

Ne t'afflige point de ce que tu n'es pas élévé aux grandeurs & aux Dignitez publiques : gemi plûtôt, de ce que, peut-être, tu n'es pas orné des vertus qui te pourroient rendre digne d'y être élévé.

XXIII.

L'homme de bien n'est occupé que de sa vertu : le méchant ne l'est que de ses richesses. Le premier pense continüelement au bien & à l'intéret de l'Etat : mais le dernier a d'autres soucis, il ne pense qu'à ce qui le touche.

XXIV.

Ne fais à autrui que ce que tu veux qui te soit fait : tu n'as besoin que de cette seule Loi ; elle est le fondement & le principe de toutes les autres.

XXV.

Le Sage n'a pas plûtôt jetté les yeux sur un homme de bien, qu'il tâche d'imiter ses vertus : mais ce même Sage n'a pas plûtôt tourné sa vûe sur un homme abandonné à ses crimes, que se défiant de soi même, il se demande, comme en tremblant, s'il n'est pas semblable à cét homme.

Un

XXVI.

Un enfant est obligé de servir son pére & de lui obéir. Les péres & les méres ont leurs defauts : un enfant est obligé des les leurs faire connoître, mais il le doit faire avec douceur & avec prudence : & si quelques précautions qu'il prenne il trouve toûjours de la résistance, il doit s'arrêter pour quelques momens, mais il ne doit pas se rebuter. Les conseils donnez à un pére, ou à une mére, attirent souvent sur le fils des duretez & des châtimens : mais un fils doit souffrir dans cette occasion, il ne doit pas même murmurer.

XXVII.

Le Sage ne se hâte jamais, ni en ses études, ni en ses paroles ; il est même quelquefois comme müet. Mais lors qu'il est question d'agir, & de pratiquer la vertu, il précipite tout, pour ainsi dire.

XXVIII.

Le véritable sage parle peu, il est même peu éloquent. Je ne voi pas aussi que l'Eloquence lui puisse être d'un fort grand usage.

XXIX.

Il faut une longue experience pour connoître le cœur de l'homme. Je m'imaginois, lors que j'étois jeune, que tous les hommes étoient sincéres ; qu'ils mettoient en pratique

tou-

tout ce qu'ils difoient; en un mot , que leur
bouche étoit toûjours d'accord avec leur cœur :
mais maintenant que je regarde les chofes d'un
autre œil, je fuis convaincu que je me trompois.
Aujourd'hui j'écoute ce que les hommes difent,
mais je ne m'en tiens jamais à ce qu'ils difent, je
veux fçavoir fi leurs paroles font conformes à
leurs actions.

XXX.

Il y eut autrefois dans le Royaume de *Ci* un
Prefet qui tüa fon Roi. Un autre Prefet du
même Royaume , regardant avec horreur le
crime de ce Parricide, quitta fa Dignité , a-
bandonna fes biens, & fe retira dans un autre
Royaume. Ce fage Miniftre ne fut pas affez
heureux, pour trouver d'abord ce qu'il cherchoit, il ne trouva dans ce nouveau Royaume
que des Miniftres iniques, & peu attachez aux
intérets de leur Maître. Ce ne fera pas le lieu
de mon fejour, fe prit-il à dire , je chercherai
ailleurs une retraite. Mais ayant rencontré
toûjours des hommes femblables à ce perfide
Miniftre, qui l'avoit forcé par fon crime à
abandonner fa Patrie , fa Dignité & tous fes
biens, il courût par toute la terre. Si tu me
démandes ce que je croi d'un tel homme, je
ne puis refufer de te dire , qu'il mérite de
grandes loüanges , & qu'il avoit une vertu
diftinguée : c'eft le jugement que tout homme
rai-

raisonnable en doit faire. Mais comme nous ne sommes pas les scrutateurs des cœurs, & que c'est proprement dans le cœur que la véritable vertu reside, je ne sçai si sa vertu étoit une véritable vertu; on ne doit pas toûjours juger des hommes par les actions extérieures.

XXXI.

Je connois un homme, qui passe pour sincére dans l'esprit du peuple, à qui l'on demanda, l'un de ces jours, quelque chose qu'il n'avoit pas. Tu t'imagines, peut-être, qu'il avoüa ingenûment, qu'il étoit dans l'impuissance de donner ce qu'on luy demandoit. Il l'eût dû faire, si sa sincérité eut répondu au bruit qu'elle fait parmi le peuple: mais voici dequelle maniére il s'y prit. Il fut adroitement chez un voisin; il luy emprunta ce qu'on lui demandoit à lui-même, & il le donna ensuite. Je ne sçaurois jamais me convaincre que cét homme puisse être sincére.

XXXII.

Ne refuse point ce qui t'est donné par ton Prince, quelques richesses que tu possedes. Donne ton superflu aux pauvres.

XXXIII.

Les defauts des péres ne doivent pas être imputez aux enfans. Parce qu'un pére se sera rendu indigne, par ses crimes, d'être élevé aux

F 5

Dig-

Dignitez, on n'en doit pas exclurer le fils, s'il
ne s'en rend pas lui même indigne. Parce
qu'un fils sera d'une naiffance obfcure, fa naiffance ne doit pas faire fon crime: il doit
être appelé aux grands emplois auf-
fi bien que les fils des Grands, s'il a les qualitez néceffaires. Nos péres ne facrifioie: t autrefois que des victimes d'une certaine couleur, & l'on choififfoit ces couleurs felon le
gré de ceux qui étoient affis fur le Trône. Sous
le regne d'un de nos Empereurs, la couleur
rouffe étoit en vogue. Crois tu que les Divi-
nitez, auxquelles nos Péres facrifioient fous le
regne de cétEmpereur euffent rejetté un taureau
de couleur rouffe, parce qu'il feroit forti d'une
vache qui n'auroit pas été de la même couleur.

XXXIV.

Préfére la pauvreté & l'exil, aux Charges de
l'Etat les plus éminentes, lors que c'eft un
homme méchant qui te les offre, & qu'il te veut
contraindre de les accepter.

XXXV.

Le chemin qui conduit à la vertu eft long,
mais il ne tient qu'à toi d'achever cette longue
carriére. N'allégue point pour t'excufer, que
tu n'as pas affez de forces; que les difficultez
te découragent, & que tu feras obligé enfin
de t'arrêter au milieu de ta courfe. Tu n'en fçais
rien, commence à courir : c'eft une marque que
                                        tu

tu n'as pas encore commencé, tu ne tiendrois pas
ce langage.

XXXVI.

Ce n'eft pas affez de connoitre la vertu, il la
faut aimer: mais ce n'eft pas encore affez de l'aimer, il la faut poffeder.

XXXVII.

Celui qui perfécute un homme de bien, fait la
guerre au Ciel: le Ciel a créé la vertu, & il
la protége; celui qui la perfécute, perfécute
le Ciel.

XXXVIII.

Un Magiftrat doit honorer fon pere & fa mére, il ne doit jamais fe relacher dans ce jufte
devoir; fon exemple doit inftruire le peuple. Il
ne doit méprifer ni les vieillards ni les gens de
merite; le peuple pourroit l'imiter.

XXXIX.

Un enfant doit être dans une perpetuelle ap-
prehenfion, de faire quelque chofe qui déplaife
à fon pere; cette crainte le doit occuper toujours. En un mot, il doit agir, dans tout ce
qu'il fait, avec tant de précaution, qu'il ne faffe jamais rien qui l'offence ou qui le puiffe affli-
ger tant foit peu.

XL.

La grandeur d'ame, la force & la perfévé-
rance doivent être le partage du Sage. Le fardeau dont il s'eft chargé eft pefant, fa carriére
eft longue.

Le

XLI.

Le Sage ne fait jamais rien sans conseil. Il consulte même quelquefois, dans les affaires les plus importantes, les hommes les moins intelligens ; les hommes qui ont le moins d'esprit & le moins d'experience. Lors que les conseils sont bons, on ne doit pas regarder d'où ils viennent.

XLII.

Evite la vanité & l'orgueil. Quand tu aurois toute la prudence & toute l'habilété des Anciens, si tu n'as pas l'humilité, tu n'as rien, tu es même l'homme du monde qui merite le plus d'être méprisé.

XLIII.

Apprens ce que tu sçais déja, comme si tu ne l'avois jamais appris : on ne sçait jamais si bien les choses, qu'on ne puisse bien les oublier.

XLIV.

Ne fais rien qui soit malséant, quand même tu aurois assez d'adresse pour faire approuver ce que tu fais : tu peux bien tromper les yeux des hommes, mais tu ne sçaurois tromper le Ciel, il a les yeux trop clairvoyans.

XLV.

Ne te lie jamais d'amitié, avec un homme qui ne sera pas plus homme de bien que toi.

Le

XLVI.

Le Sage a honte de ses defauts, mais il n'a pas honte de s'en corriger.

XLVII.

Celui qui vit sans envie & sans convoitise, peut aspirer à tout.

XLVIII.

Veux-tu apprendre à bien mourir, apprens auparavant à bien vivre.

XLIX.

Un Ministre d'Etat ne doit jamais servir son Prince, dans ses injustices & dans ses desordres. Il doit plutôt renoncer à son Ministére, que de le flêtrir, par des actions lâches & criminelles.

L.

L'Innocence n'est plus une vertu, la plûpart dés Grands en sont déchus. Mais si tu demandes ce qu'il faudroit faire, pour recouvrer cette vertu, je réponds qu'il ne faudroit que se vaincre soi-même. Si tous les mortels remportoient sur eux, dans un même jour, cette heureuse victoire, tout l'Univers, dés ce même jour, reprendroit une nouvelle forme; nous serions tous parfaits, nous serions tous innocens. La victoire est difficile, il est vrai, mais elle n'est pas impossible; car enfin, se vaincre soi-même, n'est que faire ce qui est conforme à la raison. Détourne tes yeux, ferme tes oreilles, mets un frein à ta lan-

langue, & fois plûtôt dans une éternelle inaction, que d'occuper tes yeux à voir des spectacles où la raison se trouve choquée ; que d'y donner ton attention, que d'en discourir. Voilà de quelle maniere tu pourras vaincre ; la victoire ne depend que de toi.

LI.

Ne souhaite point la mort de ton ennemi, tu la souhaiterois en vain ; sa vie est entre les mains du Ciel.

LII.

Il est facile d'obeir au Sage, il ne commande rien d'impossible : mais il est difficile de le divertir : souvent ce qui rejouit les autres le fait soûpirer, & arrache de ses yeux des torrens de larmes.

LIII.

Reconnoi les bienfaits par d'autres bienfaits, mais ne te vange jamais des injures.

LIV.

En quelque endroit du monde que tu sois obligé de passer ta vie, aye commerce avec les plus sages, ne fréquente que les gens de bien.

LV.

Pécher & ne se repentir point, c'est proprement pécher.

LVI.

Il est bon de jûner quelquefois, pour vaquer à la méditation & à l'étude de la vertu. Le Sage est occupé d'autres soins, que des soins continuels de sa nourriture. La terre la mieux

cul-

cultivée trompe l'esperance du laboureur, lors que les saisons sont déréglées: toutes les régles de l'Agriculture ne le sçauroient garantir de la mort, dans le tems d'une dure famine: mais la vertu n'est jamais sans fruit.

LVII.

Le Sage doit apprendre à connoitre le cœur de l'homme, afin que prennant chaque homme par son propre penchant, il ne travaille pas en vain, lors qu'il lui parlera de la vertu. Tous les hommes ne doivent pas être instruits de la même maniére. Il y a diverses routes qui conduisent à la vertu, le Sage ne les doit pas ignorer.

LVIII.

L'homme de bien péche quelquefois, la foiblesse lui est naturelle: mais il doit si bien veiller sur soi, qu'il ne tombe jamais deux fois dans le même crime.

LIX.

Comba nuit & jour contre tes vices; & si par tes soins & ta vigilance, tu remportes sur toi la victoire, attaque hardiment les vices des autres, mais ne les attaque pas avant cela: Il n'y a rien de plus ridicule que de trouver à redire aux defauts des autres, lors que l'on a les mêmes defauts.

LX.

Nous avons trois amis, qui nous sont utiles, un ami sincére, un ami fidéle, un ami qui écoute tout, qui examine tout ce qu'on luy dit, & qui parle peu: mais nous en avons aussi trois dont
l'ami-

l'amitié eft pernicieufe, un ami hypocrite, un
ami flateur, & un ami qui parle beaucoup.

LXI.

Celui qui s'applique à la vertu, a trois ennemis à combattre qu'il doit tâcher de furmonter,
l'incontinence, lors qu'il eft encore dans la vi-
gueur de fon âge & que le fang luy boût dans les
veines; les conteftations & les difputes, lors
qu'il eft parvenu à un âge meur, & l'avarice,
lors qu'il eft vieux.

LXII.

Il y a trois chofes que le Sage doit revérer, les
Loix du Ciel, les grands hommes, & les paroles des gens de bien.

LXIII.

On peut avoir de l'averfion pour fon ennemi,
fans pourtant avoir le defir de fe vanger. Les
mouvemens de la nature ne font pas toûjours
criminels.

LXIV.

Défie toi d'un homme flateur, d'un homme qui eft affecté dans fes difcours, & qui fe pi-
que par tout d'éloquence : ce n'eft pas le caractére de la véritable vertu.

LXV.

Le filence eft abfolument néceffaire au Sage. Les grands difcours, les difcours étudiez,
les traits d'éloquence, doivent être un langage inconnu pour lui, fes actions doivent être
fon langage. Pour moi, je ne voudrois jamais
plus parler. Le Ciel parle, mais de quel langage

ge fe fert-il, pour prêcher aux hommes, qu'il y a un fouverain principe d'où dependent toutes chofes; un fouverain principe qui les fait agir & mouvoir? Son mouvement eft fon langage, il rameine les faifons en leur tems, il émeut toute la nature, il la fait produire : que ce filen- ce eft éloquent !

LXVI.

Le Sage doit haïr plufieurs fortes d'hommes. Il doit haïr ceux qui divulguent les defauts des autres, & qui fe font un plaifir d'en parler. Il doit haïr ceux qui n'étant ornez que de qualitez fort mediocres, & qui d'ailleurs n'ayant aucune naiffance, medifent & murmurent temeraire- ment, contre ceux qui font élevez aux Digni- tez de l'Etat. Il doit haïr un homme vaillant, lors que fa bravoure n'eft accompagnée ni de civilité, ni de prudence. Il doit haïr ces fortes d'hommes qui toûjours remplis de leur amour propre; qui toujours entétez de leur merite, & idolatres de leurs fentimens, attaquent tout, trouvent à redire à tout, & ne confultent jamais la raifon. Il doit haïr ceux qui n'ayant que tres- peu de lumiéres, fe mêlent pourtant de cenfu- rer ce que font les autres. Il doit haïr les hom- mes fuperbes. Enfin il doit haïr ceux qui fe font une habitude d'aller déterrer les defauts des autres pour les publier.

LXVII.

Il eft bien difficile de fe menager avec le petit

peu-

peuple. Ces sortes d'hommes deviennent fa-
miliers & insolents, lors qu'on a trop de commerce avec eux:& comme ils s'imaginent qu'on
les méprise, lors qu'on les néglige tant soit peu,
on s'attire leur aversion.

LXVIII.

Celui qui est parvenu à la quarantiéme année
de son âge, & qui, jusques à ce tems-là, à été
l'esclave de quelque habitude criminelle, n'est
gueres en état de la surmonter. Je tiens sa maladie incurable, il perséverera jusqu'à la mort
dans son crime.

LXIX.

Ne t'afflige point de la mort d'un frére. La
mort & la vie sont en la puissance du Ciel, auquel le Sage est obligé de se soumettre. D'ailleurs, tous les hommes de la terre sont tes freres: pourquoi pleurerois tu pour un seul, dans
le tems qu'il t'en reste tant d'autres.

LXX.

La lumiére naturelle n'est qu'une perpetuelle conformité de nôtre ame avec les loix du Ciel.
Les hommes ne peuvent jamais perdre cette lumiére. Il est vrai que comme le cœur de l'homme est inconstant & müable, elle est couverte
quelquefois de tant de nüages, qu'elle semble
entiérement éteinte. Le Sage l'éprouve lui-même: car il peut tomber dans de petites erreurs,
& commettre des fautes legéres. Cependant le
Sage ne sçauroit être vertüeux, tandis qu'il est
dans

dans cét état-là, il y auroit de la contradiction
à le dire.

LXXI.

Il eſt bien difficile, lors qu'on eſt pauvre, de
ne haïr point la pauvreté : mais on peut être riche ſans être ſuperbe.

LXXII.

Les hommes des premiers ſiécles ne s'appliquoient aux Lettres & aux ſciences, que pour
eux-mêmes, c'eſt-à-dire, pour devenir vertueux : c'étoit là toute la loüange qu'ils atten-
doient de leurs travaux & de leurs veilles. Mais
les hommes d'aujourd'hui ne cherchent que
l'encens, ils n'étudient que par vanité, & pour
paſſer pour ſçavans dans l'eſprit des hommes.

LXXIII.

Le Sage cherche la cauſe de ſes defauts en ſoi-
même : mais le fou ſe fuyant ſoi-même, la cherche par tout ailleurs que chez ſoi.

LXXIV.

Le Sage doit avoir une gravité ſévére, mais il
ne doit pas être farouche, & intraitable. Il doit
aimer la ſocieté, mais il doit fuir les grandes
aſſemblées.

LXXV.

L'amour ou la haine des peuples, né doit pas
être la régle de ton amour ou de ta haine : examine s'ils ont raiſon.

LXXVI.

Lie-toi d'amitié avec un homme qui ait le

cœur

cœur droit, & qui foit fincere ; avec un homme
qui aime à apprendre,& qui te puifle apprendre,
à fon tour, quelque chofe. Les autres hommes
font indignes de ton amitié.

LXXVII.

Celui qui a des defauts, & qui ne travaille
point à s'en défaire, doit aumoins faire tous fes
efforts pour les cacher. Les defauts du Sage
font comme les Eclipfes du foleil, ils viennent
à la connoiflance de tout le monde. Le Sage dans
cette occafion doit tacher de fe couvrir d'un
nuage. Je dis la même chofe des Princes.

LXXVIII.

Abandonne fans balancer ta Patrie, lors que
la vertu y eft opprimée, & que le vice y a le
deflus. Mais fi tu n'as pas fait deflein de renoncer
aux maximes du fiécle, dans ta retraite & dans
ton exil, demeure dans ta miférable Patrie ; à
quel deflein en fortirois-tu ?

LXXIX.

Lors qu'il s'agit du falut de ta Patrie ne con-
fulte pas, expofe ta vie.

LXXX.

Le Ciel n'abbrége pas la vie de l'homme c'eft
l'homme qui abrége fa vie par fes crimes. Tu
peux éviter les calamitez qui viennent du Ciel,
mais tu ne fçaurois éviter celles que tu t'attires
par tes crimes.

FIN.

Fautes à corriger.

Comme ce petit Ouvrage a été imprimé avec affez de précipitation, il s'y eſt gliſſé quelques fautes. On a mis quelquefois des points dans des endroits où il n'en faloit point, & l'on en a oublié dans d'autres comme par exemple, dans la page 18. Toutes ces copulatives. Et qu'on trouvera dans la page 21. & peut être, en quelques autres endroits font des negligences du Correcteur.

Au reſte, comme l'on n'a pas eu des Caractéres propres, pour marquer les *ç*. on avertit que la plûpart des mots Chinois qui commencent par un *C*. doivent être lûs, comme s'ils étoient écrits avec un S. Voici les fautes les plus confiderables, le Lecteur corrigera les autres.

Pag. 9. L. 20. œdipe. liſ. Oedipe. P. 16. L. 17. allequerons. liſ. aléguerons. P. 41. L. 6. exclur. liſ. exclus. P. 47. L. 24. aprés retenus adjoutez ni par la crainte, ni par la pudeur. P. 52. L. 1. que. liſ. quel. P. 68. L. 19. qui en. liſ. & qui en. P. 73. L. 18. Run. liſ. Zun. P. 83. L. 4. & de tenebres & doutes. liſ. & de tenebres & de doutes. P. 87. L. 3. des. liſ. de. P. 90. prem. lig. exclurer. liſ. exclure. P. 90. L. 4. crimel. liſ. crime.

LETTRE
SUR
LA MORALE
DE
CONFUCIUS,
PHILOSOPHE
DE LA CHINE.

A PARIS,

Chez DANIEL HORTHEMELS,
ruë S. Jacques, au Mœcenas.

M. DC. LXXXVIII.

Avec Approbation & Permission.

O.1654.

LETTRE

SUR

LA MORALE
DE CONFUCIUS,
PHILOPHE
DE LA CHINE.

Monsieur,

Le prefent que je vous fais, ne fçauroit manquer de vous eftre agreable. Vous aimez les bonnes maximes de Morale : En voicy des meilleures & des plus folides. Si le lieu d'où elles viennent les pouvoit rendre plus confiderables, elles le feroient à caufe de fon éloignement. Ce font des Perles où des Pierres precieufes de la Chine, & quelque chofe de

A

plus grand prix, parce qu'il n'y a rien de comparable aux trefors de la Sageffe, comme dit l'Ecriture, *Pretiofior eft cunctis opibus fapientia & omnia quæ defiderantur huic non valent comparari.* Je pourrois dire la mefme chofe à l'égard de leur Antiquité, fi la verité n'étoit de tout tems, & fi on pouvoit penfer que ces Maximes, pour eftre plus anciennes en fuffent auffi plus veritables & plus folides. Confucius de qui on les a tirées a vécu 500. ans avant la naiffance temporelle de Jefus-Chrift, & ce Sage Chinois difoit les avoir recuës des Anciens comme par tradition ; de forte que l'on pourroit non feulement les rapporter à Noé (un de fes Fils s'étant établi dans l'Oriant) mais encore aux Patriarches avant le Deluge, & enfin au premier homme, pour ne pas dire à Dieu mefme qui eft le Pére de toutes les lumieres, *Omne donum perfectum de furfum eft defcendens à Patre luminum.* Cependant admirons la Providence divine, qui a donné à toutes les Nations de la Terre, des enfeignemens & des Maîtres pour les conduire. *In unamquamque gentem præpofuit Rectorem.* Nous en avons icy un témoignage bien affuré: On voit chez Confucius comme un crayon où un ombre du Chriftianifme, & auffi un abregé de tout ce que les Philofophes avoient reconnu de plus folide en matiere de Morale. Son Principe eft que l'homme étant déchû de la

roverb. c.

ccl:fiafti. c. 7.

perfection de fa nature , fe trouve corrompu par des paffions & par des Prejugez ; deforte qu'il eft neceffaire de le rapeller à la droite raifon , & de le renouveller. Ne femble-t-il pas que nous entendions S. Paul qui nous dit. *Renovamini fpiritu mentis veftræ , & induite novum hominem, qui fecundum Deum creatus eft in juftitia & fanctitate veritatis.* Si la volonté de l'homme eft bien reglée , dit noftre Philofophe, il ne fera que de bonnes actions; & fi fon entendement eft dans la rectitude qui luy convient, fa volonté ne manquera pas d'être bien reglée. Comment pourriez-vous faire du bien , dit Jefus-Chrift aux Juifs, fi vous êtes mauvais, *non poteft arbor mala , bonos fructus facere.* D'autre part, S. Paul dit , que les hommes font éloignez de la voïe de Dieu, par leur ignorance *alienati à via Dei , per ignorantiam quæ eft in illis ;* il n'y aura donc qu'une chofe à faire, fçavoir, de porter noftre efprit à la connoiffance de la verité ! *porrho unum eft neceffarium.* Toutes les actions de la vie ne férvent qu'à nous difpofer à cette perfection , qui met nôtre ame dans le meilleur état où elle puiffe être fuivant l'ordre du Ciel. *Deus vult omnes homines falvos fieri & ad agnitionem veritatis venire.* Pour ce qui regarde les Philofophes ; vous verrez icy des fentimens qui fe rapportent à ceux des Grecs, furtout de Socrates & de Platon. Ces deux grands

1. Ad Timoth. c.

hommes vivoient à peu prés du tems de Confucius, Les Loix des Academiciens s'y trouvent aussi, soit que ce Chinois les ait tiré des Anciens, où que le bon sens les luy ait inspirées, de même qu'aux Academiciens qui sont venus aprés luy. Au reste, Monsieur, ces enseignemens ne sont pas seulement bons pour des gens de la Chine, mais je suis persuadé qu'il y à peu de François qui ne s'estimât fort sage & fort heureux, s'il les pouvoit reduire en pratique. Vous en jugerez par vousmême, je vais les raporter suivant l'ordre de ses Livres.

I.

u premier
e pag.
&c.

IL faut renouveller l'homme, & de même qu'un miroir que l'on veut rendre clair, il luy faut ôter toutes ses taches, en le purgeant de ses mauvaises habitudes & le nettoyant, ensorte qu'il soit exemt de troubles, soit de la part des passions, soit de la part des Prejugez : afin qu'il revienne à la perfection de sa nature.

I I.

C'est ce que l'on fera si on prend une ferme resolution de travailler à acquerir le souverain bien, qui consiste dans une parfaite conformité à la droite Raison, soit pour nos sentimens, soit pour nos inclinations.

III.

Le plus court chemin & le moyen le plus

prompt pour difpofer ainfi les hommes, eft de les attirer par l'exemple de ceux qui les gouvernent.

I V·

Commencez à bien gouverner vôtre famille avant que de vouloir regner fur les Peuples, & aprenez ainfi à commander.

V·

Ce que vous avez à faire à l'égard de vôtre efprit, eft de le porter à fon plus haut point de connoiffance & à la plus grande certitude qu'il peut avoir dans fes jugemens.

V I.

Lors que l'entendement fera élevé à fa Perfection, la volonté ne manquera pas de fe porter auffi à la fienne.

V I I.

Et lors que la volonté fera reglée on ne fera que de bonnes actions.

V I I I.

Il y a deux chofes à rectifier, fçavoir le *dedans* & *le dehors* de l'homme. Or le *dehors* eft bien conduit lors que le *dedans* eft dans la rectitude neceffaire, & fi on n'eft bien reglé dans l'interieur, on ne fçauroit produire au dehors que des actions de déreglement, d'où il s'enfuit, que la premiere chofe à laquelle il faut travailler, eft de rectifier fon entendement en le délivrant de l'Erreur & des Préjugez.

I X.

Un homme déreglé au dedans & au dehors de luy-même ne fçauroit bien gouverner une famille ni un Empire.

g. 18. &c.

X.

Le Pere doit avoir un vray amour pour fon Fils, & le Fils une vraïe obeïffance pour fon Pere.

X I.

Il y a une liaifon étroite & comme une Pa-renté entre le Prince & les Sujets.

X I I.

Si vous cherchez des Richeffes extérieures avec avarice, vous vous mettez en état de n'en avoir jamais.

X I I.

Celuy qui eftime plus l'Or que la Vertu, perdra l'Or & la Vertu.

X I I I.

L'Amour d'un Peuple pour fon Roy eft un lien plus fort pour le tenir en obeïffance que la crainte, & jamais les Peuples ne font bons fujets quand ils ne le font que par crain-te.

X I V.

A l'égard de nos femblables & egaux, nous devons nous comporter comme nous vou-drions que l'on fe comportât à nôtre égard.

X V.

La clemence d'un Prince à l'égard de fes

Sujets, doit être comme l'amour d'un Pere à
l'égard de ses Enfans.

XVI.

Les soins d'un Prince pour enrichir ses Sujets, doivent être comme ceux d'un Pere pour
enrichir ses Enfans.

XVII.

Un Prince doit se dépoüiller de ses interests
particuliers, & ne se point considerer comme
personne privée, ne s'attribuant rien de propre & suivant en tout la raison & la bien-
seance.

XVIII.

Le gain d'un Prince doit se mesurer par l'u-
tilité publique.

I.

TOut Peché vient de ce que l'on n'examine
pas ce que l'on doit examiner.

Du . Livre
p. 43. &c.

II.

Il faut chercher le moyen d'acquerir nôtre
perfection & d'arriver à la Fin que nous nous
proposons en voulant être heureux.

III.

Il ne faut pas se proposer des vertus extraordinaires, ni trop éloignées de la Pratique,
ne devant point aspirer à l'impossible, ni demander plus que la condition humaine ne peut
accorder.   A iiij

I V.

Il ne faut point s'attendre à des preuves fur naturelles ni miraculeufes, & l'on ne doit pas fe faire de la reputation parmi les Peuples par des preftiges.

V.

Le Sage fuit la voïe ordinaire que le Ciel & la Nature luy montrent.

V I.

Il n'y a point d'homme fi ftupide, ni de femme fi ignorante, qui ne foit capable de reduire en pratique les moyens que le Ciel nous a donnez pour nous porter à nôtre perfection.

V I I.

La Regle du moyen univerfel eft naturelle. Nous l'apportons avec nous en naiffant.

V I I I.

Chacun doit fe contenter de fon partage, recevant de bon cœur ce que le Ciel luy deftine. S'il faut faire le Perfonnage de Pauvre où de Riche, cela doit être égal pour le Sage.

I X.

Le Sage marche comme dans une plaine, & le Fol và fe précipitant par des chemins perilleux & par des voïes inégales.

X.

Le Sage reffemble à un Tireur à l'Arc, qui ne rapporte la faute qu'à luy feul lors qu'il ne donne pas à fon but.

X I.

Celuy qui s'avance vers la vertu , comme s'il montoit une montagne , ne regarde point derriere de peur de se décourager par la longueur du chemin qu'il pourroit avoir fait : il ne considere que le chemin qui luy reste à faire , songeant plûtôt à le diminuer qu'à le mesurer. X I I.

Une Femme qui aime la Paix remplira sa famille de satisfaction & de bonheur.

X I I I.

Si on choisit les Sages pour gouverner dans le monde , on doit esperer que les Peuples seront heureux , & si on choisit des temeraires & des imprudens, la ruïne des Etats s'ensuivra infailliblement.

X I V.

Celuy qui gouverne doit observer les Regles qui suivent. *pag. 63.*

1. Qu'il tache de se perfectionner toûjours de plus en plus.

2. Qu'il choisisse & aime les Sages.

3. Qu'il conserve du respect pour ceux qui sont au dessus de luy naturellement.

4. Qu'il honore ses premiers Magistrats & ses principaux Ministres.

5. Qu'il cede au conseils des Administrateurs de la Justice & de ceux qui sont les plus experimentez.

6. Qu'il aime ses Sujets comme ses propres Enfans.

7. Qu'il faſſe venir les meilleurs Artiſans pour le bien de ſon Empire : qu'il les diſtingue & leur donne de l'employ : qu'il ne renvoye jamais ſans recompenſe ceux qui ont travaillé pour le bien public.

8. Qu'il reçoive honorablement les Etrangers.

9. Qu'il défende & protege ſes Sougouverneurs comme ſes propres membres.

10. Qu'il medite ſouvent & examine s'il travaille ſans ceſſe à ſe conformer à la droite raiſon.

X V.

pag. 67. 68.
&c.

Voicy les Regles que chacun doit obſerver en travaillant à ſe perfectioner de plus en plus.

1. Que l'on tache d'obſerver tout ce qui peut contribuer à faire découvrir la verité, & que l'on ne travaille point à cela foiblement, comme par hazard ; mais de deſſein formé, & ſans reſerve comme eſtant la choſe du monde la plus importante & la ſeule neceſſaire.

2. Si on doute au ſujet de quelque action particuliere de la vie, que l'on ſuive l'autorité de ceux qui paſſent pour les plus éclairez.

3. Que l'on tâche de ſe défaire de ſes doutes & de ſe fixer l'Eſprit, ſoit par des reflexions, ſoit par de experiences.

4. *Loy des Academiciens* 4. Que l'on diſtingue bien le vray du faux, diſcernant ce que l'on ſçait, de ce que l'on ne ſçait pas.

5. Que l'on agiſſe avec conſtance lors que l'on aura reconnu ce que l'on doit faire.

XVI.

On ne doit attendre aucune recompenſe de la Vertu finon la Vertu ſeule, elle ſe ſoûtient d'elle-même & ſe ſatisfait de ſa propre nature étant la fin des actions vraiment raiſonnables.

XVII.

Si tu es arrivé à ta perfection, tache de perfectioner les autres, mais ſouviens-toy de commencer par te perfectioner toy-même.

XVIII.

Le Sage ne peut ſe déguiſer dans ſes actions.

XIX.

Le Saint où le parfait Sage eſt entierement conforme à l'idée que le Ciel a formée du Saint & du Parfait.

XX.

Le Saint ſera tout-puiſſant, il ſçaura toute choſe & aura toute vertu en Ciel & en Terre.

I.

LES diſcours trop recherchez & remplis d'Eloquence ſont nuiſibles. Ce ſont des appas de l'erreur. La Rethorique eſt la peſte des Eſprits. Il faut toûjours conſiderer ſi on dit vray; & jamais ſi on parle d'une maniere agreable à la multitude.

Du 3. Livre 1. partie. pag. 3.

II.

Je dois examiner ma conscience sur trois choses.

1. Sçavoir, si je me suis comporté à l'égard des autres, comme j'aurois souhaité qu'on l'eût fait à mon égard, & cela avec la même sincerité & le même zele.

2. Si j'ay servi mes amis non pas sous apparence d'amitié tendant à mes interests, mais par de vrais & simples motifs d'honnesteté.

3. Si j'ay medité sur la Doctrine qui m'a été enseignée, & si j'ay tâché de la reduire en pratique.

3

Fuyez la frequention des méchans & associez-vous avec les Sages.

4

Si vous avez peché par fragilité, ne manquez pas de vous corriger incessamment.

5

Ne mangez point pour le plaisir, mais seulement pour rendre vôtre corps utile au travail.

6

Un Pauvre content de son état vaut mieux qu'un Riche arrogant ; mais un Riche qui ne s'en orgueillit point vaut mieux que l'un & l'autre.

7

Celuy qui est vrayement Philosophe ne doit pas se tourmenter de ce que les hommes ne le connoiffent point, on ne l'écoutent pas ne voulant pas profiter de fes lumieres; car c'eft leur faute, & non pas la fienne.

8

Confucius s'apliqua d'abord a étudier les preceptes des Anciens & à Philofopher de fon mieux.

9

A 30. ans, il fut fi ferme & fi conftant qu'aucune chofe ne l'ébranloit. Il ne craignit plus les évenemens de la fortune : & rien n'étoit capable de le détourner de l'étude de la Philofophie.

10

A 40. ans, il n'hefita plus, & fes doutes s'évanoüirent.

11

A 50. ans, il reconnut la Providence divine, & il fçût penetrer dans les deffeins du Ciel, voyant la neceffité & l'utilité qu'il y avoit de retourner à la pure lumiere de la Raifon, qui eft le plus grand prefent que le Ciel ait fait au genre humain.

12

A 60. ans, la force de fon entendement fe trouva portée à fa perfection, & ce fut alors qu'il éprouva ce que c'eft que d'avoir l'efprit grand & bien cultivé par une bonne & folide Philofophie.

13

Enfin à 70. ans, il n'avoit plus rien à crain-

pag. 10. 11.

Ce font fes Difciples qui parloient comme cela de luy & non pas luy-même, il avoit de luy des fentimens plus humbles. Voyez icy la 3. Maxime de la 2. part. du 3. Livr.

dre de la part de son corps ni des passions humaines. Il n'avoit plus de combats à rendre
contre luy-même, estant paisible possesseur
d'une paix interieure, il ne pouvoit plus vouloir le mal.

14

Les sources de la verité & de la Philosophie
sont inépuissables, & peuvent faire naistre
dans nos Esprits une infinité de plaisirs.

15

Un de ses Disciples luy ayant demandé ce
qu'il pensoit de luy; il luy répondit vous êtes
un vase prest à recevoir quelque chose.

16

pag. 15.

L'Homme parfait est universel, il ne se res-
ferre point à ses interests particuliers, au lieu
que l'homme imprudent est abject & esclave. Il
dépend des accidens de son propre corps, &
ne s'étend point audelà des objets qui environnent l'exterieur de sa personne.

17

Celuy qui s'aplique uniquement aux actions
exterieures, ne se perfectionne point l'Esprit;
& celuy qui ne s'adonne qu'à la comtempla-
tion ne joüit pas du profit qu'il peut faire &
n'en sçait pas la mesure.

18

3 Loy des A-
cademiciens.

Si vous sçavez, faites connoître que vous
sçavez, si vous ne sçavez pas, avoüez fran-
chement que vous ne sçavez pas.

19

Rejettez tout ce qui est incertain & dou- *Premiere Loy des Academi- pag. 18.*
teux quand il s'agit de science.

20

Et quand vous aurez quelque connoissance certaine, prenez garde de qu'elle maniere vous la publierez, ayant égard non seulement à vous même, mais à la capacité de ceux à qui vous avez à parler.

21

Toutes les ceremonies sont inutiles à des gens malitieux où ignorans.

22

Entre les personnes éclairées, il n'y a pas lieu de contester.

23

N'admirez point dans la Musique le plaisir que l'oreille en reçoit, mais la beauté de la convenance & de l'accord.

24

L'Homme déreglé ne peut demeurer avec la pauvreté, ni avec les richesses, il combat contre toutes sortes d'états & se dégoute de tout.

25

La vertu est bien facile à avoir, puis que le simple desir l'obtient.

26

Le Philosophe agit toûjours en vuë de la verité, laquelle ne dépend point des circonstances particulieres des choses sensibles, il sçait qu'à l'égard de ces choses on ne doit pas s'obstiner, car elles n'ont rien de stable ni de permanant.

28

Faites toutes chose de gré.

29

Le Philosophe est prompt à agir, & lent à parler & à decider.

I

2. partie du 2. Livre. IL est difficile qu'un homme accoûtumé à la Rethorique, & qui se laisse conduire par l'elegance du discours, devienne jamais Philosophe, & ne se charge point des taches de la multitude.

2

Les Avaricieux sont insencez.

3

Les vraïes richesses viennent du Ciel. Les choses exterieures n'enrichissent point, mais seulement la bonne disposition d'esprit.

4

Confucius vivoit de viandes communes & faciles à preparer. Il buvoit de l'eau & couchant sur la dure, il n'avoit point d'autre chevet que son bras placé sous sa tête : avec cela il avoit pour le moins autant de plaisir que ceux qui vivent autrement. La satisfaction du cœur cause un veritable plaisir. Celuy qui se

fonde

fonde sur les chofes exterieures reffemble à une Nuée volante qui se diffipe & se détruit d'elle-même.

5

Si le Ciel alongeoit mes jours, j'emploirois encor ce tems à chercher la verité & à aprendre toûjours quelque chofe de nouveau.

3. Loy Academici

6

Confucius ne parloit que tres-rarement de quatre chofes, fçavoir, des chofes étrangers, des monftres & évenemens cafuels, des prodiges où chofes furnaturelles, & des feditions publiques.

7

Celuy qui combat ma doctrine par ce qu'elle eft vraïe, combat contre le Ciel, difoit Confucius.

8

Je n'ay point encore vû la vertu achevée d'un parfait Sage. Pour ce qui eft de celle qui appartient au Philofophe ou à l'Amateur de la Sageffe, j'efpere que je la verray quelque jour.

Confuci ne penfo pas feulem meriter le tre de Phi fophe.

9

Quelqu'un avertiffant Confucius de quelque faute qu'il faifoit, que je fuis fortuné, dit-il, j'ay trouvé un homme pour me reprendre.

10

Les Oifeaux chantent tellement lors qu'ils approchent de la mort, & les hommes au-

B

contraire commencent à bien parler quand ils
sont prés à rendre l'ame.

II

Il faut que le Philosophe soit d'accord avec
luy-même.

12

Aprenez toûjours, mais sur tout vous avez
apris quelque chose, tâchez de ne le point oublier.

13

Que cet homme étoit heureux, disoit Confucius, il étoit content de sa destinée.

* * *

I

COnfucius étant parmi des Artisans, dit,
Je me ferois volontiers Artisant moy-mê-
me, & prendrois un Art, quoy que bas en apparence, sçachant bien qu'il n'y a rien de bas
en ce qui peut estre utile au Public.

2

Il déploroit le luxe, faisant connoître que
ceux qui gouvernent doivent avoir grand soin
d'empescher les superfluitez des meubles &
des habits, ces choses ne servant qu'à rendre
les hommes plus sujets & plus indigeans.

3

Quoy qu'un Empereur vienne à mourir,
une bonne Loy ne meurt point avec luy.

4

Confucius indigné de ce qu'on l'appelloit
fçavant, je parois fçavant à des gens qui ne le
font pas, dit-il.

***

1.

LE Sage ne s'attriftera point luy-même &
ne s'émeurra point par crainte. Il ne craindra point parce qu'il n'y a rien qui foit capable
de luy nuire : & il ne s'attriftera point parce
que la triftefle eft inutile, ce qui eft une fois, ne
pouvant pas n'avoir point efté, & parce que
tout ce qui arrive venant par la permiffion du
Ciel, il n'a pas raifon de dés-aprouver un
évenement plûtoft qu'un autre : parce qu'il
n'en fçait pas les fuites, & ne fçauroit juger
par conféquent du bien ni du mal qui en pourroit venir. Outre que d'ailleurs il doit penfer
que la Providence celefte en juge mieux que
luy, & luy deftine toûjours ce qui luy convient le mieux.

2

Amaffer des Vertus, c'eft fe fonder fur la
fincerité & la fidelité de l'efprit, lequel doit
avoir pour but de fe porter à la verité, & de
fe tourner toûjours vers ce qui eft conforme à
la droite raifon.

3

Il eft bon de fçavoir terminer promptement

les Procez, mais il est plus avantageux d'empescher qu'il n'y en ait.

4

Un Gouverneur impudent, disoit, je feray mourir tous ceux qui ne suivront pas les Loix. Confucius luy répondit, commence plûtost à te rendre vertueux & à donner bon exemple; ensuite fais enseigner par tout la Sagesse & la Vertu & ne pense pas que les vices de l'Esprit se guerissent par la mort.

5

D'estre apellé Illustre, ce n'est pas l'estre pour cela; distinguez entre les discours de la multitude & la verité. Celuy qui est vrayement Illustre ne se soucie de rien moins que de passer pour illustre & les autres font le contraire.

6

Quand on neglige les méchans & qu'on ne fait point d'état de ceux qui ont aversion pour la Philosophie, on peut faire, si on choisit les Philosophes, que les méchans deviennent bons & soient aprés cela dignes d'estre choisis.

I

QUelqu'un m'a fait une injure, je ne le mépriseray point pour cela; & si je vois dailleurs qu'il soit digne d'estre aimé, je ne laisseray pas de l'aimer. Mais si d'autre-part il

merite d'estre haï, je ne l'aimeray point ; non
pas à cause de l'injure qu'il m'a faite, mais
parce qu'il est veritablement haïssable, non
pas pour sa propre personne, mais pour le vice qui est en luy.

2

C'en est fait, disoit Confucius, il n'y a personne qui aime la verité, ni la vertu.

3

Je passeray des jours entiers sans rien apprendre de nouveau par mes meditations :
n'importe; il n'y a rien de meilleur que de travailler à s'instruire ; & celuy-là a toûjours
profité qui s'est appliqué à chercher la verité.

4

Le Sage a plus soin de la nourriture de son
Esprit que de celle de son Corps.

5

Celuy qui est grand parleur est dangereux.

6

Vous estes jeune, fuyez la volupté ; vous
estes à l'âge viril, fuyez les querelles ; vous
estes arrivé à la vieillesse, fuyez l'avarice.

7

Vous voyez un Sage, regardez en luy
ce qui vous manque; vous voyez un mechant,
ne le touchez que comme vous toucheriez de
l'eau boüillante.

✳✳✳

I

CEluy qui aime la vertu & se plaist à exercer la charité, s'il ne s'applique aussi à chercher la verité & à *apprendre*, il tombera dans l'aveuglement, agissant sans choix & sans examen.

Celuy qui se plaist à la prudence, a la connoissance de la verité; s'il ne se met point en peine d'*apprendre*, il tombera dans l'incertitude & dans la perplexité d'esprit.

Celuy qui se contente de la simple foy, se conduisant seulement par autorité, s'il ne se met point en peine d'*apprendre*, il se trouvera souvent dans la necessité de combattre contre les autres & contre luy-même.

Celuy qui aime la candeur & l'honnesteté, s'il ne se met point en peine d'*apprendre*, il aura de grands chagrins, bien des troubles d'esprit, & trouvera des difficultez qu'il ne pourra surmonter.

Celuy qui se plaist à exercer sa constance en supportant de grandes douleurs, s'il ne se met point en peine d'*apprendre*, se rendra insolent, rebelle, rempli d'imprudence & de folie.

2

Ceux qui se conservent un *dehors* specieux,

& ne se mettent point en peine de se cultiver au dedans d'eux-mêmes, sont des larrons qui entrent la nuit par des trous & par des fenestres.

❧

1

LE Sage exposera sa vie pour le bien public & pour deffendre sa Patrie.

2

Tous ceux qui aiment la verité, & taschent d'apprendre de jour en jour, reconnoissant ce qui leur manque, songeant à se corriger, & faisant reflexion sur ce qu'ils decouvrent, de bon & de vray, doivent estre appellez Philosophes.

pag. 140.

3

Si les Magistrats ont du temps, ils ne sçauroient mieux l'employer qu'à apprendre & à philosopher.

Si les personnes privées ont du temps aprés avoir serieusement philosophé, ils ne sçauroient mieux l'employer qu'aux affaires de la Republique, & à communiquer les tresors de leurs connoissances.

4

Si estant Magistrat, vous avez decouvert des crimes, ne vous en rejoüissez pas comme si vous aviez fait une découverte heureuse. Usez de clemence & de misericorde, sçachant

pag. 1

que toute la faute ne vient point des coupables, mais qu'ils ont pour complices, l'ignorance, le mauvais exemple, les fausses esperances, ou la crainte de quelques maux qu'ils ne pensoient pas pouvoir eviter autrement.

5

Chacun peut supporter les calamitez de sa destinée ; mais personne ne peut se deffendre des suites fascheuses de l'erreur, ni de celles du peché que l'on commet de propos deliberé : les regrets s'ensuivent necessairement, la conscience estant un Juge & un Punisseur que l'on ne peut eviter.

Voilà, Monsieur, ce que j'ay crû devoir vous donner de Confucius. J'ay marqué les Livres dont j'ay tiré ces maximes. On peut consulter l'Original sur les matieres que l'on souhaite de voir plus au long & en plus de façons. Je ne doute point que vous ne reconnoissiez combien ces sentimens s'accordent avec le Christianisme. On en pourroit trouver de semblables dans les Proverbes de Salomon, & dans plusieurs autres Livres Canoniques, aussi bien que chez les Academiciens & chez les Stoïciens. Au reste il paroist assez que Confucius avoit une grande estime & un grand zele pour la Philosophie. Les premiers Peres de l'Eglise l'auroient fort approuvé en cela, & sur tout S. Justin Martyr, qui dit ;

Philosophia,

Philosophia , est revera maximum bonum & a Triphon.
possessio , & apud Deum venerabilis quæ ducit ad
eum , & sistit sola ; & Sancti Beatique illi qui
mentem ei donant. Il dit aussi , *sine Philosophia*
nemo rectam rationem intelligit , quare opor-
tet omnem hominem philosophari & hanc præci-
puam functionem ducere. D'autre part., on ne
doit pas se prévaloir de ce passage de S. Paul *Voyez Cle-*
aux Colossiens , ch. 2. *Videte ne quis vos sedu-* *ment Alexan-*
drin , De Pe-
cat per Philosophiam :* car il ajoûte , *& inanem* *dago,o , &*
fallaciam secundùm elementa hujus mundi ; pour *stromarum.*
lib. 1. & 2.
faire connoître qu'il ne blasme qu'une me-
chante sorte de Philosophie suivant le goust
du monde , & fondée sur des chicanes de So-
phistes , ou sur les erreurs de quelques faux-
Sçavans qui accommodent leurs maximes
aux passions & à l'ambition des hommes :
Aussi ce grand Apôtre en un autre endroit
fait encore connoistre qu'il n'en veut qu'aux
opinions qui portent faussement le nom de
Sciences , & ne servent qu'à exciter des divi-
sions sous une fausse apparence de sçavoir :
Oppositiones falsi nominis Scientiæ. C'est ainsi 1. adTimoth.
c. 6,
qu'il exprime cette fausse sorte de Philosophie contre laquelle il parle. D'ailleurs on
peut s'assurer , que ni Confucius , ni Socrate,
ni Platon , ni les Academiciens , n'ont jamais
approuvé cette sorte d'étude , pour ne pas dire qu'ils l'ont combatuë ouvertement. Mais
de peur qu'il ne semble que je donne une

nouvelle interpretation à ce paſſage de S. Paul,
je rapporteray les termes de S. Auguſtin ſur

De Moribus
Ecle. Cath.
l. 1. c 21.
ce ſujet : *& quia ipſum nomen Philoſophiæ
rem magnam totóque animo expetendam ſigni-
ficat*, dit ce Pere, (*ſiquidem Philoſophia eſt
amor ſtudiúmque Sapientiæ*) *cautiſſime Apoſto-
lus ne ab amore Sapientiæ deterra videretur,
ſubjecit :* Secundùm elementa hujus mundi. La pluſppart de ceux qui entendent parler de la Philoſophie, s'imaginent d'abord des
raiſonnemens ſur la Phiſique & des Obſerva-
tions curieuſes ſur les phænomenes de la Nature, au lieu que ce n'eſt pas cela proprement
que l'on doit entendre par ce mot, mais c'eſt
l'étude & la recherche des premieres Veritez
qui ſervent de principes à toutes nos connoiſ-
ſances, & nous conduiſent dans nos jugemens. Or on ne doute pas qu'il ne ſoit de la
derniere importance de s'appliquer à recon-
noiſtre ces Veritez, & à éviter les erreurs dans
Voyez S. Am-
broiſe De Of-
fic is.
leſquelles nous pouvons tomber en jugeant
des biens & des maux, & en même temps,
des premiers devoirs des hommes ; puiſque
c'eſt en cela que conſiſte veritablement la Sa-
geſſe.

Je ne vous arreſteray pas davantage ſur ce
ſujet. Je me ſuis un peu expliqué là-deſſus
dans mon *Apologie des Academiciens.*

Pour ce qui regarde noſtre Philoſophe,
quoy qu'il n'y ait rien dans ce que j'en ay rap-

porté, qui ne puiffe eftre interpreté en bonne part. Je donne Confucius tel que je le
trouve ; & quoy que je l'aye un peu ajufté à
la Françoife, je ne penfe pas pourtant l'avoir
entierement dguifé. Il eût efté à fouhaiter
qu'il fe fût donné luy même. Mais il a eu
cela de commun avec la plufpart des grands
Hommes, qu'il n'a prefque rien écrit de fon
chef : de forte que nous n'avons fa doctrine
que fur le rapport de fes difciples. Cependant nous fommes redevables à tous ceux qui
nous ont confervé les reftes precieux de ce
fçavant Chinois. On affure qu'il a eu trois
mille Difciples, entre lefquels il en avoit choifi
72. & entre ceux-là dix. On luy attribuë quelques Hiftoires & quelques Memoires fur les
devoirs des Princes, & fur les Odes & les
Enfeignemens des anciens Empereurs de la
Chine.

Cependant il faut remarquer que la mediocrité dont parle noftre Philofophe, regarde
l'ufage des chofes exterieures ; & cela fe ré-
duit à la maxime des Grecs, *ne quid nimis, rien
de trop.* On ne doit point eftre prodigue ni
avaricieux : on ne doit point manger trop ni [pag. 78]
trop peu : on ne doit point eftre trop mal ha-
billé ni trop fomptueufement, ni fe charger
de fuperfluitez ; Mais à l'égard de la perfection interieure de l'Efprit, il n'y a point de
mediocrité à obferver. Car on ne fçauroit

trop se conformer à la droite Raison : il ne
faut pas apprehender de se rendre l'Esprit trop
juste ny de trop s'éloigner de l'erreur, des troubles & des préjugez : on ne sçauroit estre trop
équitable, &c. Aussi quand Aristote parle des
choses qui concernent la prudence, il dit, *ut*
vir prudens definierit. Pour faire comprendre
que l'on ne peut donner en cela de Regle fixe, à cause que la conduite de ces actions &
la mesure qu'on y doit prendre dépend des
circonstances, au lieu que la fin à laquelle on
doit tendre doit toûjours estre fixe, & l'on
ne peut trop s'en approcher. Voilà le fondement de la Morale de Confucius , & c'est
pour cela que le Saint, suivant luy, ne sçauroit estre trop conforme à l'idée que le Ciel a
formée du saint & du parfait, estant capable
d'une perfection infinie, & ne pouvant estre
achevé qu'il n'ait atteint à la nature divine,
divinæ consors naturæ.

On pourroit peut-estre encore regarder
Confucius comme une espece de Prophete ,
qui a prédit la venuë du Messie : Car il disoit, que le Saint envoyé du Ciel viendroit
dans l'Occident : Et il se trouve que la Ju-
dée est Occidentale à l'égard de la Chine. Le
Saint sçaura toutes choses , & il aura tout
pouvoir dans le Ciel & sur la Terre. Cela
convient à Jesus-Christ, à qui on disoit : *Nunc*
scimus quia scis omnia , & non opus habes ut

aliquis te interroget, in hoc scimus quia à Deo existi. Vous n'avez pas besoin que l'on vous apprenne aucune chose en vous interrogeant. Cette façon de parler témoigne que la maniere d'enseigner de Platon estoit en usage de ce temps-là. Vous sçavez que ce Philosophe obligeoit ainsi à mediter & à s'instruire soy-même en consultant les idées de la verité dont il pretendoit que tous les hommes estoient pourvûs. Voilà donc la premiere partie de nôtre Prophetie verifiée. Pour ce qui est de la seconde, il ne faut qu'entendre dire à Jesus-Christ: *Data est mihi omnis potestas in Cœlo & in Terra: ite, docete omnes Gentes,* &c.

Quoy qu'il en soit, vous ne vous éstonnerez pas que des Gentils ayent pensé au Messie, parce qu'enfin ils l'ont tous souhaité: *desideratus cunctis Gentibus,* C'est ce que je prouverois plus amplement, si j'écrivois un Livre, & non pas une simple Lettre.

De Paris le 23. Ianvier 1688. *S. F.* ✶✶✶

I'ay lu une Lettre sur la Morale de Confucius Philosophe de la Chine. Fait le huitiéme de May 1688. Signé, COUSIN.

Veu l'Approbation, permis d'imprimer. Fait ce 10. de May 1688.
      Signé, *DE LA REYNIE.*

AVERTISSEMENT.

LE Libraire a trouvé bon pour la commodité du Public, de joindre à cette Lettre la Morale de Confucius nouvellement imprimée à Amsterdam. Il est facile de juger que ces deux Pieces ne font pas de la même main, & que leurs Auteurs ne se sont point consultez entr'eux ; de sorte que s'ils se sont rencontrez en quelque trait, ce n'est que par hazard. Le Livre de Confucius contient tant de belles choses, qu'il en est comme d'un Iardin où chacun peut cueillir des fleurs à son gré ; & si on s'avisoit de disputer pour sçavoir si la Rose vaut mieux que l'Oeillet, on seroit peut-estre assez embarrassé à decider cette question. On ne doit pas demander d'une Lettre tout ce que l'on pourroit attendre d'un Livre ; & l'on ne doit pas attendre d'un Livre la précision & la breveté que l'on pourroit demander d'une Lettre. Au reste il seroit à souhaiter que l'on peust reünir icy les Extraits que l'on a fait de ce Philosophe, dans tous les Iournaux de l'Europe ; la lecture n'en seroit pas ingrate, & l'on y trouveroit assez de diversitez pour ne point s'ennuyer.

www.ingramcontent.com/pod-product-compliance
Lightning Source LLC
Chambersburg PA
CBHW050023100426

42739CB00011B/2758